Zeitreise Kärnt

Martin Marktl

Zeitreise Kärnten

Ein Lesebuch zur Geschichte des Landes

styria regional
CARINTHIA

IMPRESSUM

ISBN: 978-3-7012-0155-6

Bücher aus der Verlagsgruppe Styria gibt es
in jeder Buchhandlung und im Online-Shop

Lektorat: Nicole Richter
Covergestaltung: Maria Schuster
Buchgestaltung: Satz & Design Fellner, Klagenfurt

Druck und Bindung:
Druckerei Theiss GmbH, St. Stefan im Lavanttal

7 6 5 4 3 2 1

Inhalt

Der schönste Grillplatz Kärntens – Spitzelofen

Vorwort

Im Jahre 1885 kam Anton Deutschmann, ein Bergmann aus der Steiermark, ins untere Lavanttal, um einer Geschichte nachzugehen, die man sich dort erzählte. Die Römer, so hieß es, hätten hier in den Wäldern einst unsägliche Reichtümer versteckt. Tief in den Spalten einer Felsenwand, die den Einheimischen unter dem Namen *Spitzelofen* geläufig ist, wäre ein Schatz verborgen. Der gutgläubige Steirer witterte das schnelle Geld: Mit einer Ladung Dynamit im Rucksack stieg er die Westflanke der Koralpe hoch, fand die besagte Wand – und sprengte dort ein vier Meter tiefes Loch in den Fels. Nachdem er auf diese Art und Weise sein ganzes Erspartes in die Luft gejagt hatte, war von einem Schatz immer noch nichts zu sehen. Als ihm dann auch noch die Berghauptmannschaft Klagenfurt weitere Sprengungen untersagte, blieb dem Mann nichts anderes übrig, als unverrichteter Dinge wieder heim in die Steiermark zu fahren.

Seit diesem Vorfall befindet sich an dieser aussichtsreichen Stelle hoch über dem Lavanttal der nobelste Grillplatz Kärntens: Das Loch in der Wand ist naturgemäß feuerfest, regensicher und darüber hinaus mit feinstem Marmor ausgekleidet. Kein Wunder, dass sich immer wieder einheimische Jugendliche aufmachen, um dort eine Nacht am Lagerfeuer zu verbringen. Doch schon die Römer kamen gerne hierher – das beweist eine Inschrift, die heute etwa sieben Meter über dem Loch zu finden ist. Sie ist Zeugnis dafür, dass sich vor zwei Jahrtausenden am Spitzelofen ein Marmorsteinbruch befand.

Es ist wohl dem risikofreudigen Bergmann aus der Steiermark zu verdanken, dass sich das Auge der Öffentlichkeit überhaupt wieder auf diesen versteckten Flecken mitten im Wald richtete. Historiker hatten bald herausgefunden, dass dort während der Römerzeit mehr als 3 000 Kubikmeter feinster Marmor abgetragen wurden – was den Spitzelofen zum zweitgrößten Natursteinbruch Kärntens machte. Wo die aus dem Fels gehauenen Blöcke hinkamen, blieb allerdings bis heute ein Geheimnis – in Kärnten sind sie jedenfalls nicht. Damit ist der Steinwand auch 200 Jahre nach ihrer erstmaligen Erforschung die weitere Aufmerksamkeit der Heimatforscher gewiss.

Ebendiesen Heimatforschern ist es zu verdanken, dass wir heute Dinge über Kärnten wissen, die noch vor wenigen Jahrzehnten für Kopfkratzen sorgten. Naheliegende Fragen wie *„Warum befindet sich hier ein vier Meter tiefes Loch in einer Felswand?"* würden weiterhin auf eine erhellende Antwort harren. Und dieser Ort in den Lavanttaler Bergen ist nur einer von unzähligen Schauplätzen, die uns dank einer stolzen wissenschaftlichen Forschungstradition viel über die Geschichte unseres Landes erzählt haben.

Die Historiker haben anhand einiger Kratzspuren auf einem Bärenknochen herausgefunden, wer der erste Kärntner war, wo er wohnte, und was es damals zum Mittagessen gab. Ein faules Stück Holz auf dem Boden des Keutschacher Sees reichte ihnen, um eine Pfahlbausiedlung auferstehen zu lassen, die sich vor 6000 (!) Jahren dort befand. Dass ein gotisches Reiterheer vor 1500 Jahren seine Zelte bei Globasnitz aufstellte, bewiesen sie anhand einiger Knochenreste. Und um den Jüngling vom Magdalensberg als eine Kopie zu entlarven, bediente man sich einer Schnapskarte.

Nicht immer mussten die Forscher unter der Grasnarbe nach der Wahrheit suchen, manchmal liegt des Rätsels Lösung in einer für den Fachmann leserlichen Form in den heimischen Archiven herum. Ein Beispiel: Seit Jahrhunderten geht die Mär um, dass der Dobratsch-Bergsturz im Jahre 1348 zahlreiche Dörfer unter sich begraben hätte. Der Villacher Historiker Wilhelm Neumann hegte schon in den 1950er-Jahren erste Zweifel an dieser Darstellung. Er rückte der Wahrheit über mehrere Jahrzehnte vom Schreibtisch aus zu Leibe, indem er alte Steueraufzeichnungen des Klosters Arnoldstein überprüfte – und statt der verschütteten Dörfer letztendlich einen mittelalterlichen Betrug um Fördergelder aufdeckte.

Es gab und gibt Historiker in unserem Land, denen man nur eine Schaufel oder ein vergilbtes Stück Papier in die Hand zu drücken braucht, und sie schreiben die Geschichte des Landes neu. Ihnen gebührt auch der Dank für die reichhaltige Fülle an Geschichte und Geschichten, die die Recherchen für dieses Buch zu einer ungemein spannenden Sache werden ließen.

Martin Marktl

Leben am Gletscherrand

Kärnten zur Eiszeit

– 10000 v. u. Z.

Dass mit dem Klagenfurter Lindwurm nicht zu spaßen ist, wusste man in Kärnten schon lange. Bereits im frühen Mittelalter machten schauerliche Details die Runde: In einem sumpfigen Moor, über dem die meiste Zeit ein zäher Nebel hängt, hält sich ein schuppenbedecktes Monster versteckt, hieß es. Irgendwo zwischen Wörthersee und den Ufern der Drau lauert es seinen ahnungslosen Opfern auf, die ohne viel Federlesens umgehend verspeist werden. Wehe dem, der die Gefahr verkennt und sich nicht rechtzeitig aus dem Staub macht! Das Geräusch mächtiger Flügelschläge, die die Wogen der Glan hochpeitschen, galt als untrügliches Zeichen dafür, dass dieser Tag kein gutes Ende nehmen würde.

Wie gut, dass dem damaligen Herzog Karast von Kärnten der beachtliche Appetit des Wurmes irgendwann zu bunt wurde. Er schickte seine tapfersten Männer in den Sumpfboden, um dem lästigen Störenfried den Garaus zu machen. Und das gelang ihnen auch – dank einer trickreichen Finte, in der ein mit einem Widerhaken versehener, gut gemästeter Stier die Hauptrolle spielte. Noch heute sind die Klagenfurter froh darüber, dass man sich mit diesem Problem nicht mehr herumschlagen muss. Auch wenn es sich angeblich nur um eine Sage handelt: insgeheim ist – vom Stier einmal abgesehen – wohl jeder mit dem Ausgang der Geschichte ganz zufrieden.

Auch die jüngere Wissenschaft kann der Geschichte einiges abgewinnen und den einzelnen Passagen sogar historische Schauplätze zuweisen. So wird die beschriebene *Furt über die Glan* mit jener Siedlung in Verbindung gebracht, die als Keimzelle des heutigen Klagenfurt gilt. Darüber hinaus befand sich, wie wir später sehen werden, im nunmehrigen Stadtgebiet vor nicht allzu langer Zeit eine weitläufige Moos- und Strauchlandschaft – ein bei Lindwürmern angeblich besonders beliebtes

Habitat. Und was den zähen Nebel betrifft: Für einen Klagenfurter besteht spätestens da kein Zweifel mehr, dass es sich beim beschriebenen Schauplatz um seine Heimat handelt.

Zur Mitte des 14. Jahrhunderts fand man im Zollfeld, also unweit der Furt über die Glan, bei Arbeiten in einer Schottergrube einen etwa 75 Zentimeter langen Schädel. Eines war gleich klar: nur ein grausliches Ungeheuer ist mit einer derartig außerordentlichen Kopfform in Verbindung zu bringen. Der letzte Beweis für die Existenz des Lindwurms war also erbracht, und eine aus heutiger Sicht liebenswerte Sage erhielt damals ihre handfeste Untermauerung. Als die Gebrüder Vogelsang Ende des 16. Jahrhunderts damit begannen, aus einem Grünschieferblock vom Kreuzbergl ein Abbild des Lindwurms zu schaffen, nahmen sie konsequenterweise den Schädelfund als Vorlage für den Kopf. Aus damaliger Sicht schufen sie (oder ein unbekannt gebliebener Künstler, denn die Urheberfrage ist nicht zweifelsfrei geklärt) ein originalgetreues Ebenbild des Ungeheuers.

Mit dem heutigen Wissensstand allerdings müsste man vom Hals abwärts radikal den Meißel ansetzen, um der tatsächlichen Statur des Lindwurms gerecht zu werden. Im Jahre 1840 machte sich nämlich der Grazer Paläontologe Franz Unger daran, der oft erzählten und farbenreich ausgeschmückten Sage auf den Grund zu gehen. Unter seinen fachkundigen Händen erwies sich der Knochenfund als der Spezies des *rhinoceros tichorhinus* zugehörig. Der vermeintliche Lindwurm entpuppte sich ein halbes Jahrtausend nach seinem Auftauchen als ... Wollhaarnashorn. Ein Tier also, das sich während der letzten Eiszeit in ganz Europa herumtrieb. Die Enttäuschung der Klagenfurter Stadtväter, die das gute Stück über die Jahrhunderte im Rathaus in Ehren hielten, war verständlicherweise groß. Der Kopf wurde alsbald dem Naturwissenschaftlichen Verein übergeben, der sich über das Eiszeitrelikt ungleich mehr freute. Es ist heute in den Räumen für Ur- und Frühgeschichte des Kärntner Landesmuseums zu besichtigen.

Für uns ist der Schädel einer der ältesten erhaltenen Beweise für die Anwesenheit altsteinzeitlicher Riesenfauna in Österreich. Während der Eiszeit hielten sich einige andere große Säugetiere in den ostalpinen Steppen – und daher auch in Kärnten – auf. Neben dem Mammut fand man Knochenreste von Wisent, Bison, Wildpferd, Wildrind, Höhlenbär und Höhlenhyäne. Dazu kamen Tiere, die noch heute den Alpenraum beziehungsweise den Norden Europas besiedeln, wie Rentier, Eisfuchs, Elch, Steinbock und Murmeltier.

Ein Platz, der sich bei der eiszeitlichen Tierwelt großer Beliebtheit erfreute, ist die Tropfsteinhöhle in Griffen. Ihr heute mitten im Ortszentrum liegender Eingang wurde 1945 von Soldaten wiederentdeckt, als diese sich in den letzten Tagen des Zweiten Weltkrieges um geeignete Räumlichkeiten für einen Luftschutzkeller umsahen. Die Männer hatten damals verständlicherweise weder ein Auge für allfällige archäologische Schätze noch für das im Anschluss der Vorhöhle verzweigte Netz an Tropfsteinhöhlen, das heute für jeden zur Besichtigung offensteht. Schnellstmöglich wurde damals die Vorkammer in einen Schutzraum umfunktioniert. Auf geschichtsträchtige Ablagerungsschichten konnte dabei keine Rücksicht genommen werden.

Der Krieg war schon lange vorbei, als Ende der 1950er-Jahre eine erste archäologische Grabung durchgeführt und damit ein wichtiger Markstein für unser Wissen über Kärntens urgeschichtliche Vergangenheit gelegt wurde. Dabei konnte unter anderem nachgewiesen werden, dass sich fast alle oben angeführten Riesentiere während der Eiszeit auch im heutigen Bezirk Völkermarkt aufhielten. Die Knochenfunde zeigen beispielsweise, dass die Höhlenhyäne zu den ersten Bewohnern der Griffener Tropfsteinhöhle gehörte. Über Jahrzehntausende lebte sie hier, mal abwechselnd, mal gemeinsam mit dem Höhlenbären. Und fallweise auch *vom* Höhlenbären, wie Bissspuren auf einzelnen Knochen nahelegen.

Vor allem aber ist das Griffener Fundinventar unbezahlbar für die heimische Besiedelungsgeschichte: Nirgendwo in Kärnten

Erste Wohnstätten auf heimischem Boden – Kärntner Höhlen

fand man bisher ältere Spuren menschlicher Anwesenheit als im Schlossberg. In den hinteren Höhlenkammern blieben uns viele Fundstücke erhalten, die die Menschen der Altsteinzeit hier zurückließen. Ihre Besuche liegen bereits so weit zurück, dass sich der genaue Zeitpunkt nicht mehr ermitteln lässt. Denn die Höhle stand zumindest ein Mal komplett unter Wasser, wodurch etliche Lagerfeuerstellen, die gemeinsam mit den Stein- und Knochenstücken rundherum bei der Datierung gute Dienste leisten, zerstört wurden. Der Bau des Luftschutzkellers machte die Arbeit für Archäologen auch nicht einfacher.

Dazu kommt, dass sich das Alter der Funde im Grenzbereich jener Technologie abspielt, die es uns überhaupt ermöglicht, Steinzeitrelikte mit einem Zeitstempel zu versehen. Die Radiokarbonmethode, mit der man anhand der Halbwertszeit von Kohlenstoff-Isotopen das Alter von organischen Materialien ermitteln kann, stößt bei rund 40 000 Jahren an ihre Grenzen. Wie auch generell gilt: Je älter das Untersuchungsobjekt, umso schwieriger wird die exakte Altersbestimmung bzw. desto größer ist die Schwankungsbreite.

So ergab beispielsweise die Analyse eines verkohlten Holzstückes, dass die dazugehörige Feuerstelle vor 22 700 Jahren brannte. In diese Epoche fiel auch der Minustemperaturrekord der letzten Eiszeit – nie war es in den letzten 100 000 Jahren kälter. Überleben war damals also kein einfaches Geschäft, der Wunsch der Höhlenmenschen nach einem Platz am wärmenden Feuer daher mehr als verständlich. Immerhin trennte sie nur ein halbstündiger Fußmarsch vom Drautalgletscher. Doch gerade wegen dieser widrigen Klimaverhältnisse, so der Kärntner Landesarchäologe Paul Gleirscher, ist nicht davon auszugehen, dass es damals irgendwo im südostalpinen Raum einen Waldbestand gab.

Woher hatten die Jäger also das Brennholz? Irgendetwas konnte da nicht stimmen. Ein Vergleich mit anderen Fundstellen im voralpinen Raum legte bald die Vermutung nahe, dass es den Menschen zu jener Zeit höchstwahrscheinlich gar nicht in diese Region verschlagen hat. Es ist viel eher anzunehmen, dass das Holzkohlenstück bei den wiederholten Überschwemmungen mitsamt dem Boden rundherum ordentlich durcheinandergewirbelt wurde und daher für eine zuverlässige Datierung nicht mehr geeignet war. Viel wahrscheinlicher als ein Lagerfeuer ohne Holz ist demnach, dass die Flammen zu einer ganz anderen Zeit loderten. Am ehesten in einer Epoche, von der man dank naturwissenschaftlicher Erkenntnisse weiß, dass der gletscherfreie Raum zumindest teilweise bewaldet war.

In diesem Zusammenhang ein paar Worte zur letzten Eiszeit: Aus der Erdgeschichtsforschung ist bekannt, dass wir uns seit 2,5 Millionen Jahren in einem Eiszeitalter, dem sogenannten Quartär, befinden. Seit Anbeginn dieser Periode kommt es immer wieder zu einem Wechsel von Kalt- und Warmzeiten. Der Alpenraum wurde in der (aus geologischer Sicht) jüngeren Vergangenheit vier Mal von Gletschern überzogen. Jede Kaltzeit bekam den Namen eines bayrischen Flusses, und so fiel dem bislang letzten Abschnitt der für heimische Ohren ungewöhnliche Name *Würm* zu. Das Würm-Glazial begann vor 115 000 Jahren und ging vor 12 000 Jahren zu Ende. Doch in diesem langen Zeitraum war es nicht immer gleich kalt. Es gab sogar ausgedehnte Perioden der Erwärmung, wo es sich in Teilen Österreichs ganz gut aushalten ließ. Die Funde aus der Gudenushöhle in Niederösterreich stammen beispielsweise aus dem ersten Würm-Drittel. In dieser Warmphase mit dem klingenden Namen Odderade-Interstadial gab es auch hierzulande ausgedehnte Nadel- wie Laubwälder. Das bringt uns zu einer spannenden Frage: Wie haben die Naturwissenschafter herausgefunden, wann und wo in Kärnten damals Bäume wuchsen? Und woher weiß man nach 80 000 (!) Jahren, ob diese Bäume Nadeln oder Blätter hatten? Wer sich nur kurz vor Augen führt, was die Natur in einem einzigen Winter aus dem Laubhaufen im Garten macht, kommt nicht umhin, dieser Leistung allergrößten Respekt zu zollen.

All die Wertschätzung gebührt dem spannenden Feld der Palynologie – und damit einer Wissenschaft, mit der man im Alltag sonst nur selten zu tun hat. Außer natürlich, man ist Zeit seines Lebens Palynologe, wie der Klagenfurter Universitätsprofessor Adolf Fritz. Mithilfe der *Lehre vom ausgestreuten Staub* – so die Übersetzung aus dem Griechischen – war Fritz in der Lage, die Klimageschichte Kärntens zu rekonstruieren. Dazu bediente er sich der Pollenanalyse, die sich den Umstand zunutze macht, dass sich Blütenstaub in Gewässern auf dem Boden ablagert. Im Lauf der Jahre ergibt das eine fein säuberliche Aufschichtung. Ähnlich wie die Jahresringe eines Baumstammes stehen diese Schichten für ein bestimmtes Erdzeitalter. Pollen hingegen sind der genetische Fingerabdruck der Pflanzenwelt. Kombiniert man beides, weiß das paläobotanisch geschulte Auge sofort, welche Pflanzen zu einem bestimmten Zeitpunkt in der Umgebung der Fundstelle zu finden waren. Vor allem in vermoorten Seen blieben Pollenschichten erhalten, die uns viel über die Vegetation des Landes erzählen können. Diesen Mooren werden bohrkernartige Proben entnommen und analysiert. Je weiter man nach unten kommt, desto weiter blickt man in die Vergangenheit: Wer beispielsweise wissen möchte, wie es in Kärnten vor 75 000 Jahren ausgesehen hat, muss rund 66 Meter tief graben.

Unser Wissen über die urgeschichtliche Großwetterlage im Klagenfurter Becken verdanken wir aufmerksamen Ingenieuren, die 1965 mit dem Bau der Wörtherseeautobahn betraut waren. Das damals errichtete Teilstück der heutigen Südautobahn machte auch die Errichtung von Brücken notwendig. Eine davon steht in Drasing bei Krumpendorf. Beim Aufbau des westlichen Pfeilerpaares stießen die Tiefbauexperten nach einigen Metern auf Schieferkohlenreste aus der letzten Eiszeit. Dass die Techniker, deren Fund den Baufortschritt wohl keineswegs beschleunigte, auch Brücken zur Wissenschaft schlugen, kann ihnen nicht hoch genug angerechnet werden: Anstatt die Angelegenheit unter einer Lastwagenladung Beton verschwinden zu lassen, wurde Adolf Fritz hinzugezogen, der die Erlaubnis erhielt, Proben zu nehmen. Vor rund 45 000 Jahren, so sein Ergebnis, standen hier in Krumpendorf Zirben und Lärchen, der Boden war darüber hinaus mit Kräutern und Moosen bewachsen. Eine Vegetation, wie sie heute viel weiter oben, beispielsweise in der subalpinen Stufe der Nockberge, zu finden ist. Wir wissen also nun, dass es in den Warmzeiten des Würm-Glazials zwar in Krumpendorf vergleichsweise selten Badewetter gab (was – ganz abgesehen von der geringen Zahl an potenziellen Urlaubsgästen – kein Beinbruch war, weil es den Wörthersee noch gar nicht gab). Und doch war es warm genug, sodass sich in den gletscherfreien Gebieten eine üppige Pflanzenwelt ausbreiten konnte.

Durch weitere Kernbohrungen im Stappitzer See bei Mallnitz und Pollenanalysen des Dobramoors in den Wimitzer Bergen haben wir heute ein sehr gutes Bild über die Klimageschichte des Landes. Anhand der nun bekannten interglazialen Warmphasen kann man auch ableiten, wann es in Kärnten genügend Futter für die pflanzenfressende Fauna gab. Die Moore des Landes können uns also viel über die Wahrscheinlichkeit der Anwesenheit von Menschen sagen, denn ohne Pflanzen keine Tiere – und ohne Tiere keine Jäger.

Genug Futter dürfte es vor rund 30 000 Jahren in den östlichen Karawanken gegeben haben. Das lassen die Spuren der Jäger

Versteckt in den Wimitzer Bergen – das Dobramoor.

vermuten, die in der südlichen Bergflanke der Uschowa zu dieser Zeit auf Bärenjagd gingen. Auf knapp 1700 Höhenmetern befindet sich hier das Eingangstor in die Potocnikhöhle. Das schwarze Loch ist vom Dörfchen Sveti Duh aus gut sichtbar, und daher den Menschen im Tal seit jeher bekannt. Die an den Höhlenwänden vorkommende calcithaltige *Bergmilch* – eine dem Tropfstein ähnliche, jedoch weichere Ablagerung – war ein bekanntes Heilmittel für allerlei Wehwehchen. Trotzdem sollte es bis ins 20. Jahrhundert dauern, bis jemand etwas weiter hineinkriechen würde und die stummen Zeugen eiszeitlicher Jagdausflüge ans Tageslicht holt.

Auf der anderen Seite der heutigen Staatsgrenze zu Slowenien befand sich zu jener Zeit das bekannte und gut besuchte Badehaus in Vellach. Aus einer Heilquelle, die der gebürtige Oberösterreicher Joseph Groß senior von seinem wohlhabenden Vater geschenkt bekam, entwickelte sich um die vorletzte Jahrhundertwende ein beliebtes Urlaubsziel für Sommerfrischler. Als sich Groß daran machte, in den 1920er-Jahren seine Nachfolge im Kurbad zu regeln, standen zwei erwachsene Söhne bereit. Zuvor jedoch sollten die Männer eine solide Ausbildung erhalten: Joseph junior studierte Medizin, während sich sein jüngerer Bruder als künftiger kaufmännischer Geschäftsführer der Betriebswirtschaft zuwandte.

Die Sommerferien verbrachte Joseph Groß junior stets daheim in Bad Vellach. Wie überall auf dem Land verbreiteten sich Neuigkeiten, wenn es endlich welche gab, sehr schnell. Es dauerte daher nicht lange, bis Groß zu Ohren kam, dass zwei bekannte Doktoren aus Eisenkappel unlängst von einer Bergtour mit den Knochenresten eines Höhlenbären zurückgekehrt waren. Und das obwohl sie, den Gerüchten zufolge, nur an der Oberfläche des Höhlenbodens gekratzt hatten.

Das Interesse des Studenten, der schon zuvor einige Höhlen der Region erforschte hatte, war geweckt, und wie! In den kommenden Jahren verging kaum ein Ferientag, den Groß nicht in der *Potočka zijalka*, so der Name der Höhle im slowenischen Volksmund, verbrachte. Ganz ungefährlich war die Sache nicht, immerhin befand sich die Höhle seit Kurzem jenseits der Staatsgrenze. Durch den Zerfall des ehemaligen Habsburgerreiches lag der Eingang nun auf jugoslawischem Boden. Und das Verhältnis zwischen Südkärnten und Jugoslawien war bekanntlich zu dieser Zeit nicht das allerbeste.

So erklärt sich, dass Groß seine Grabungen meist in der Nacht durchführte, um möglichst wenig Aufsehen zu erregen. Decken wurden aufgehängt, damit kein verräterisches Licht nach außen dringen konnte. Die Beleuchtung an seinem Arbeitsplatz ist zwar nicht dokumentiert, doch es ist anzunehmen, dass er diesbezüglich gut ausgestattet war: Carl Auer von Welsbach, der Erfinder des Glühstrumpfes, war ein Freund der Familie – und Josephs Taufpate.

Zu den politischen Rahmenbedingungen jener Zeit kam erschwerend dazu, dass der Weg von Bad Vellach zur Höhle und retour rund 30 Kilometer betrug, und so auch ohne Bärenschädel im Rucksack einer anspruchsvollen Tagestour entspricht. Doch der Aufwand lohnte sich: In den Jahren 1926 bis

1928 gelang es Groß, über neunhundert Höhlenbärenknochen zu bergen und in Rückentragekörben nach Vellach zu bringen. Der Grundeigentümer, ein kleiner Landwirt aus Sveti Duh, wurde für die Arbeiten auf seinem Boden sowie für die Bergeerlaubnis großzügig entlohnt.

Diese Funderfolge blieben in Jugoslawien nicht unbemerkt. Im Auftrag des Museumsvereins von Celje wurden in den Folgejahren weitere Grabungen durchgeführt. Die geborgenen Relikte erhielten im Museum Celje eine neue Heimat. Natürlich war man dort nicht glücklich, dass sich der Großteil der Funde in ausländischem Privatbesitz befand. Doch wie sich im Zweiten Weltkrieg zeigen sollte, erwies sich gerade dieser Umstand im Nachhinein als großer Glücksfall: Eine Fliegerbombe legte nämlich das Museum Celje in Schutt und Asche. Die Sammlung Groß hingegen überstand die Kriegsjahre in Kärnten unbeschadet.

Joseph Groß, inzwischen Doktor der Medizin, publizierte seine Forschungsergebnisse 1930 in der renommierten naturwissenschaftlichen Zeitschrift Carinthia II. Zudem fertigte er ein über 100 Seiten starkes, und für einen Hobby-Archäologen äußerst präzises Grabungstagebuch an, das durch seine handwerklich beeindruckenden Aquarelle der Exponate und Fundstellen besticht.

Neben den Bärenknochen, denen man in späteren Untersuchungen ein Alter von rund 35 000 bis 40 000 Jahren zuschrieb, faszinieren insbesondere die Spuren menschlicher Jagdtätigkeit, die man in der Höhle fand. So zeigen Schnittspuren auf Knochenresten, dass hier mit steinzeitlichem Besteck ein Beutetier zerlegt wurde. Dabei handelt es sich nicht um irgendwelche Kratzer, die auch auf andere Art hätten entstehen können. Wer einmal gesehen hat, wie ein Jausenbrett aus Holz nach der allerersten Verwendung aussieht, hat das richtige Bild vor Augen. Weiters belegen einhundertdreißig mehr oder weniger gut erhaltene zugespitzte Knochenstücke den Aufenthalt der Waidmänner. Um letzte Zweifler zu überzeugen – die Jäger verzierten zahlreiche Knochen mit Kreisen, Dreiecken und

Vierecken. Wer sich davon selbst ein Bild machen möchte, hat im Kärntner Landesmuseum in Klagenfurt Gelegenheit dazu.

All diese Spuren menschlicher Betätigung schreibt man dem Jungpaläolithikum zu – sie dürften über 30 000 Jahre alt sein. Neben den Spuren der Griffener Tropfsteinhöhle sind dies die ältesten Beweise menschlicher Anwesenheit auf Kärntner Boden. Denn auch wenn die Potocnikhöhle heute nicht mehr innerhalb der Landesgrenzen liegt: es kann davon ausgegangen werden, dass die Jäger den nicht einmal fünf Gehminuten entfernten Kärntner Boden betreten haben.

In den folgenden Jahrtausenden breitete sich die intensivste Kälteperiode, die das Land seit Beginn der Eiszeit vor 115 000 Jahren zu sehen bekam, über das heutige Kärnten aus. Wäre damals jemand auf die Idee gekommen, vom Großglockner aus zu Fuß das Land zu durchqueren, hätte er den Gletscher erst in Völkermarkt wieder verlassen. Diesen unwirtlichen Bedingungen ist es wohl anzulasten, dass Kärnten vor 20 000 Jahren in der Gunst des Homo sapiens nicht besonders hoch im Kurs stand. Aus der gesamten Zeit der Würmhöchstvereisung gibt es keinerlei Hinweise, dass sich Menschen im Gebiet aufgehalten hätten.

Apropos Homo sapiens: Es ist eine Ironie der Menschheitsgeschichte, dass gerade der kälteresistente Neandertaler, der seit Beginn der Eiszeit in Mitteleuropa die Stellung hielt, dieses frostige Finale nicht mehr erleben sollte. Er starb vor etwa 30 000 Jahren aus – über die Ursache ist sich die Wissenschaft uneins. Fest steht jedoch, dass schon vorher der weitaus weniger winterfeste Homo sapiens den Schauplatz Europa betreten hat, und die beiden ein paar Jahrtausende nebeneinander den Kontinent bewohnten. Es lässt sich mangels menschlicher Knochenfunde daher nicht mit Sicherheit sagen, ob es der Neandertaler oder der Homo sapiens war, der in der Griffener Tropfsteinhöhle ein- und ausging.

Über die Ursache, warum der Neandertaler so plötzlich und endgültig von der Bildfläche verschwand, herrscht noch heute Rätselraten. Für die im Raum stehenden Thesen wie z. B. die

Ausrottung durch eine Seuche oder Probleme mit der Fortpflanzung fehlt letztendlich ein archäologisch fundierter Beweis. Der Homo sapiens hingegen ist gekommen, um zu bleiben: Er hielt sich bis zum Ende der Eiszeit vorwiegend in den gletscherfreien Gebieten Europas auf. Also vielleicht auch in jenen Teilen Ostkärntens, die vom Gletscher verschont wurden. Doch für eine gesicherte Anwesenheit in den Folgejahrtausenden fehlen die Beweisfunde.

Weitere 10 000 Jahre zogen ins eisbedeckte Land, bis sich die Großwetterlage endgültig zum Besseren wandte. Die Alpengletscher zerfielen und hinterließen in Kärnten im Großen und Ganzen das heutige Relief. Die Gerlitzenkuppe, von der aus man zur Zeit des Gletscherhöchststandes geradewegs auf den Dobratsch hinüberwandern konnte, gehört nun wieder zu den hohen Gipfeln Mittelkärntens. Die zahlreichen zurückgebliebenen Schürfbecken auf dem Talgrund füllten sich mit Schmelzwasser und hinterließen die im österreichweiten Vergleich einzigartige Seenvielfalt. Und es blieb in Kärnten bis heute warm – die meiste Zeit zumindest. Nun konnte man auch in Krumpendorf baden.

NAHAUFNAHME

Der Mensch betritt die Alpen

Ob sich vor den altsteinzeitlichen Jägern aus Griffen bereits Menschen auf Kärntner Boden befanden, wissen wir nicht, weil dafür jegliches Beweismaterial fehlt. Genauso wenig lässt sich jedoch ausschließen, dass bereits vorher schon jemand da war. Besonders dann, wenn man sich vor Augen hält, dass es im Nachbarland Steiermark Spuren menschlicher Anwesenheit gibt, die mindestens 260 000 Jahre alt sind. In der Repolusthöhle, etwa 20 Kilometer nördlich von Graz gelegen, fand man zahlreiche Steinwerkzeuge, eine Unmenge an Tierknochen sowie Holzkohlenreste von mehreren Feuerstellen. Die südseitig ausgerichtete Höhle ist die älteste bekannte Wohnhöhle auf österreichischem Boden.

Die Steiermark schlägt Kärnten in Sachen Besiedelung also um 220 000 Jahre. In dieser Zeit könnte ein gleichermaßen ausdauernder wie langlebiger Wanderer etwa 600 000 Mal am Äquator die Erde umrunden. Es ist also durchaus anzunehmen, dass es auch ein weniger sportlicher Vorfahre in all den Jahren zumindest bis nach Kärnten schaffte. Doch, wie gesagt, mit letzter Sicherheit weiß es niemand. Uns bleibt nur zu hoffen, dass irgendwelche Zufälle weitere Türen in die Vergangenheit öffnen.

Der Blick Richtung Osten lohnt sich allemal, denn die bisherigen Funde verteilen sich größtenteils auf die Bundesländer Niederösterreich und Steiermark. Zwei unterschiedliche Siedlungsräume lassen sich ausmachen: der alpine Raum mit seinen Höhlenfundstellen sowie die Ebenen des Voralpenraumes, in dem Freilandfundstellen überwiegen. Während die Höhlen in den Bergen beste Voraussetzungen dafür boten, dass Fundstücke die Jahrtausende überdauern konnten, waren es im Osten die eiszeitlichen Verlagerungen, also in erster Linie der Lößsand, der Knochen und Werkzeuge gut abdeckte und so die Konservierung begünstigte.

Es waren Neandertaler, die an Plätzen wie der schon erwähnten Gudenushöhle ein- und ausgingen. Ihre Wohnstätten ähnelten sich überall: Die Höhlen bestanden aus einem vorderen Bereich mit Feuerstelle – hier fand man Steinwerkzeuge, Feuerstellenreste und Tierknochen. Dies war der Aufenthaltsraum. Im hinteren Bereich der Höhle war – außer Kratzspuren an den Wänden – in der Regel nichts dergleichen zu finden. Man nimmt daher an, dass sich dort die Schlafplätze befanden. Freilandstationen waren oft an sonnseitigen Hängen bei Flussläufen zu finden. Denn auch die Tierwelt musste irgendwie an Trinkwasser kommen – und das wussten die Jäger zu nutzen. Hier errichteten sie vermutlich einfache Hütten und Windverschläge aus Holz und Laub. Das ist ebenfalls pure Spekulation, denn davon ist natürlich eine Eiszeit später nichts mehr übrig. Trotzdem ist nicht ausgeschlossen, von diesen Behausungen noch Spuren zu finden – und wenn auch nur in Form eines Abdruckes oder eines Pfostenloches. Archäologen haben nicht nur einmal bewiesen, dass ihnen ein paar Löcher reichen, um ganze Dörfer wiederauferstehen zu lassen.

Beiden Siedlungsformen ist gemein, dass die Menschen sich vorwiegend von Früchten, Knollen und Wurzeln ernährten. Oft landeten kleinere, fallweise auch größere Tiere auf dem Speiseplan – alles eine Frage des Jagdglücks. Den Schwerpunkt bildete jedoch pflanzliche Nahrung. Nebenbei erwähnt konnte die Palynologie auch zu diesem Thema etwas beitragen: Auf einem der ältesten Fundplätze Europas in der Nähe von

Nizza wurden menschliche Exkremente gefunden, aus denen einzelne Pollen isoliert werden konnten. Nicht nur, dass es den Paläobotanikern gelang, deren Alter auf etwa 400 000 Jahre festzumachen – anhand der Pollen konnten sie auch mit Bestimmtheit sagen, dass das Häufchen im Frühling seinen Weg in die französische Erde fand. Doch auch die Tierwelt leistete ihren Beitrag zur jahreszeitlichen Einordnung von Rastplätzen. So legte in einem Fall die Länge eines Geweihes die Vermutung nahe, dass das dazugehörige Rentier im Herbst erlegt wurde. In einem anderen Fall ließ eine besonders hohe Anzahl an Jungtieren am Fundplatz den Schluss zu, dass der Lagerplatz im Frühling genutzt wurde. Die Tiere waren übrigens nicht nur Fett- und Eiweißspender, sondern lieferten auch den Rohstoff für die Mode jener Tage. Die Felle wurden ein Opfer der inzwischen verstrichenen Zeit – übrig blieben nur die knöchernen Nadeln, die sie einst zusammenhielten.

Zwischen den ersten Spuren humanoider Anwesenheit auf österreichischem Boden und dem ältesten menschlichen Knochenfund liegen nicht weniger als eine Viertelmillion Jahre. In Zahlen: 250 000 Jahre nach der Besiedelung der Repolusthöhle wurden in Krems an der Donau drei Säuglinge bestattet, deren Gebeine mit ihrem Alter von etwa 30 000 Jahren als bisher ältester Menschenfund auf heimischen Boden gelten. Die Bestattung erfolgte schon damals in Form eines liebevollen Rituals: Die Säuglinge wurden in eine Stätte aus rotem Farbstoff gebettet, als Grabbeigabe wurde ihnen Perlenschmuck zur Seite gelegt. Zwei der Säuglinge – sie waren wohl Zwillinge – wurden unter einem Mammutschulterblatt bestattet, der dritte Säugling vermutlich in Leder gewickelt. Alles deutet darauf hin, dass die Bestattung würdevoll war, und die Kinder keinesfalls einfach verscharrt wurden.

Aus etwa der gleichen Zeit stammt auch das älteste erhaltene Kunstwerk der Steinzeit. Dabei handelt es sich um eine etwa sieben Zentimeter große Figur, die die einen als eine tanzende Frau, andere wiederum als fackeltragendes Wesen unbestimmten Geschlechts deuten. Im Gegensatz zur wesentlich jüngeren, doch weitaus berühmteren Venus von Willendorf erfreut sich die Figur aus Stratzing (NÖ) einer vergleichsweise sportlichen Statur.

SPURENSUCHE

Der Fundort des Wollhaarnashorn-Schädels befindet sich auf dem Zollfeld, direkt neben der ehemaligen Römerstadt Virunum (Kapitel „Die da oben“). Zufahrt: Vom Herzogstuhl auf der L71 bis zum Gh. Fleissner (Parkmöglichkeit). Ein kurzes Stück zu Fuß zum Kleindenkmal Prunnerkreuz. Links in der Verlängerung des Weges befindet sich bei einigen Bäumen im Gebüsch die sogenannte Lindwurmgrube.

Im Landesmuseum Kärnten findet man neben dem Schädel des Wollhaarnashorns auch andere Exponate aus der eiszeitlichen Landesgeschichte. Im Rahmen von Spezialführungen hat man mitunter die Gelegenheit, einen Mammutzahn in die Hand zu nehmen. Öffnungszeiten/Infos unter *www.landesmuseum.ktn.gv.at*

Die Tropfsteinhöhle in Griffen kann von Mai bis Oktober besichtigt werden. *www.tropfsteinhoehle.at*. Die Fundgegenstände befinden sich im Landesmuseum.

Wer der Würm-Eiszeit in natura nachspüren möchte, ist im Geopark Karnische Alpen gut aufgehoben. Neben einem informativen Besucherzentrum lassen sich in der Region 5 Geotrails und 80 erdgeschichtlich interessante Punkte erkunden. *www.geopark-karnische-alpen.at*

Im Rahmen eines kurzen Lehrpfades am Ufer des Stappitzer Sees lassen sich die naturkundlichen Besonderheiten des landschaftlich besonders schönen Seebachtales erkunden.

Der kürzeste Weg zur Potocnikhöhle beginnt beim Gehöft Rogar in Sveti Duh. Weitaus beeindruckender ist jedoch die Rundtour über die Felsentore der Uschowa mit Startpunkt im Remscheniggraben (teilweise ausgesetzt).

Vom Eis zum Eisen

Erste Kärntner Bauern nehmen ihre Arbeit auf

10000 – 2500 v. u. Z.

Der Draugletscher gab also das Land für Tier und Mensch wieder frei. Allerdings war es die Pflanzenwelt, die als Erste das dazugewonnene Terrain für sich beanspruchte. In den Jahrtausenden nach der Eiszeit breitete sich in Kärnten ein dichtes Gemisch aus Nadel- und Laubbäumen aus. Eine kräftige Wärmephase zwischen 10000 und 8000 v. u. Z. leistete der Zurückgewinnung von Lebensraum Vorschub. Wie man heute weiß, reichte der fast lückenlose Waldbestand damals bis in die Hohen Tauern und bildete eine dichte Decke. Nur ein kurzer Kälterückschlag circa 8000 v. u. Z. sorgte für eine Unterbrechung des im Grunde bis heute vorherrschenden Klimabildes – das für viele weiterhin als Eiszeit gilt, da die Polkappen nach wie vor vereist sind.

Was die Großsäuger der Eiszeit betrifft, war's das dann. Es hieß Abschied nehmen, nicht nur von Kärnten, sondern gleich vom gesamten zentraleuropäischen Raum. Während einzelne Arten die Eiszeit noch ein paar Jahrtausende überdauerten, blieben andere am Ende des Würm-Glazials gänzlich auf der Strecke. Das Wollnashorn – unser Lindwurm – starb beispielsweise vor etwa 12 000 Jahren aus. Eine direkte Konfrontation mit Herzog Karasts Gefolgsleuten erscheint unter diesem Gesichtspunkt also reichlich unwahrscheinlich. Auch das Wollhaarmammut ging letztlich den Weg alles Irdischen, allerdings erst einige Jahrtausende später. Seine letzten Spuren verlaufen sich vor 3 800 Jahren im Tundraboden der russischen Arktis. Wir können uns merken: Während andernorts bereits die ersten Pyramiden aus dem Boden sprossen, lebten weiter im Norden noch letzte Nachfahren des *Mammuthus primigenius*.

Die Frage, ob denn der rasche Klimawechsel den kälteliebenden Großsäugern den Garaus machte oder ob das dem jagenden Menschen anzukreiden ist, ist noch ein wenig umstritten. Wie bei so vielen Weichenstellungen der Urgeschichte lässt die bisherige Beweislage verschiedene Interpretationen zu. Jüngere Forschungsergebnisse erhärten jedoch die These, dass die Wahrheit in der Mitte liegt und ein Zusammenspiel mehrerer Faktoren den Ausschlag gab. Im Gebiet des heutigen Kärntens fand der Homo sapiens vor 10 000 Jahren nach dem Rückzug von Gletscher und Großfauna jedenfalls eine gänzlich neue Landschaft mit stark veränderter Tierwelt vor. Das Eis hatte sich in den hochalpinen Nordwesten des Landes zurückgezogen, stattdessen mäanderten stattliche Flüsse durch das nunmehr wald- und seenreiche Land.

Wohl ohne diesem Umstand besondere Beachtung zu schenken, haben die Menschen das *Mesolithikum* erreicht, die Epoche der Mittelsteinzeit. Dieser Zeitabschnitt, der seinen Namen erst im 19. Jahrhundert erhielt, wurde nach dem härtesten Werkstoff benannt, der im Mesolithikum zur Verwendung kam. Nachweislich seit 2,6 Millionen Jahren war Stein das bevorzugte, weil einzig bekannte, anorganische Werkmaterial. Doch das sollte sich bald ändern. Nur wenige Jahrtausende nach der Würm-Eiszeit werden die Menschen die Verarbeitung von Metallen erlernt haben, was sich in den Urgeschichtsbüchern in den Abschnitten zur Kupfer-, Bronze- und Eisenzeit niederschlagen wird.

Doch zurück zu den ersten Jahrtausenden nach der großen Schmelze. Die Mittelsteinzeit nimmt sich mit ihren paar Jahrtausenden im Vergleich zur 2,5 Millionen Jahre dauernden Altsteinzeit wie ein Wimpernschlag aus. Trotzdem hat sich in dieser Zeit das Leben in unseren Breiten grundsätzlich verändert: die günstigeren Klimabedingungen förderten die Ausbreitung des Menschen. Durch das Verschwinden der Großtiere änderten sich Jagd- und damit auch Ernährungsgewohnheiten. Hirsch, Reh, Wildschwein sowie allerlei Kleingetier und Federvieh standen nun auf dem Speisezettel. Die Jagdbeute machte allerdings nur mehr zehn Prozent des Fleisches aus, der Großteil wurde bereits gezüchtet. Im Frühjahr, wenn die Zugvögel wieder zu den Brutplätzen an den heimischen Gewässern zurückkehrten, stellten auch Vogeleier eine wichtige Nahrungsergänzung dar. Nach den entbehrungsreichen Wintermonaten mangelte es ohnehin an protein- und mineralstoffreicher Kost. Ob der noch heutzutage zur Osterzeit zu beobachtende höhere Pro-Kopf-Verbrauch an Eiern ein Erbe längst vergangener Zeiten ist, wird die Evolutionsbiologie zu klären haben.

Unbemerkt von den wandernden Jägern Mitteleuropas war im Vorderen Orient eine der größten Umwälzungen der Menschheitsgeschichte voll im Gange: die Leute dort begannen damit, ihr unstetes Leben als Jäger und Sammler zugunsten von Ackerbau und Viehzucht zurückzustellen. Anstatt der Nahrung ständig hinterherzulaufen, holte man sich „Hörndl und Körndl" auf die eigenen Felder. Man baute Häuser und gründete Siedlungen. Mit anderen Worten: die Landwirtschaft war erfunden, und der Mensch wurde sesshaft. In der Fachliteratur wurde dieser Prozess lange als Neolithische Revolution bezeichnet, um den gewaltigen Entwicklungssprung zu unterstreichen, der sich damals vollzog. Heute ist man mit dem Begriff nicht mehr so glücklich, vermittelt doch der Terminus *Revolution* das Gefühl, es handle sich dabei um einen Vorgang, der sich über Nacht ereignete. Tatsächlich sprechen wir von einer Entwicklung, die sich über mehrere Jahrtausende zog. Die Hinwendung zur bäuerlichen Kultur fand nicht überall zur gleichen Zeit statt, im Gegenteil: Auf dem Gebiet des heutigen Österreich sind erste Siedlungen erst aus der Mitte des 6. Jahrtausends bekannt, im Süden dauerte es nochmals 1 000 Jahre länger, bis es so weit war. Es verstrichen also rund 5 000 Jahre, bis der Hype der Neolithischen Revolution von Vorderasien auf Kärnten überschwappte.

Kommen wir an dieser Stelle zu den ersten Menschen, die sich auf dem Boden des heutigen Kärntens einfanden. Die ältesten nacheiszeitlichen Spuren menschlicher Anwesenheit in Kärnten stammen bereits aus dem 7. Jahrtausend – und damit mit Sicherheit noch von umherziehenden Jägern. Der bei Velden am Wörthersee gelegene Kathreinkogel wurde schon damals von Jägern als Rastplatz genutzt, das beweist ein etwa zwei Zentimeter langes Werkzeug, welches dort von Archäologen freigepinselt wurde. Auch das heutige Skigebiet rund um das Nassfeld scheint unter den Jägern besonders beliebt gewesen zu sein, denn es wurde eifrig gejagt und zerteilt. Die dort gefundenen, meist sehr kleinen, scharfen Steinsplitter waren die „Schweizer Messer" der Mittelsteinzeit: Man konnte sie während der Jagd als Pfeilspitze verwenden, und nach dem Waidmannsheil leisteten sie beim Zerteilen der Jagdbeute gute Dienste Die winzigen Scherben gehören zu den äußerst seltenen Zeugnissen auf Kärntner Boden, die uns aus dieser Zeit geblieben sind. Man weiß insgesamt recht wenig über den Zeitraum, als im Osten Österreichs die ersten Bauern ihre Felder bestellten. Archäologen, die auf diese Epoche spezialisiert sind, haben es wahrlich nicht leicht.

Ganz anders die Kupferzeit. Beinah ist man verleitet zu sagen: Na, nun ist's ja einfach! Zum Frohlocken der Urgeschichtsforscher hat der Mensch im Zuge der Sesshaftwerdung nämlich die Kunst des Töpferns erlernt. Töpfe brauchte und wollte er vorher nicht – schweres, zerbrechliches Geschirr wäre den umherziehenden Jägern hinderlich gewesen. Sie setzten unterwegs eher auf Beutel aus Tierhäuten und überließen die Erfindung des ersten Geschirrsets den späteren Generationen. Natürlich ging auch das nicht über Nacht vonstatten. Trotzdem ist es aus heutiger Sicht erstaunlich, wie formschön und gleichmäßig rund die Gefäße gefertigt wurden, wo noch nicht einmal das Rad erfunden war. Und schon damals erweiterte manch schlaues Feature den üblichen Funktionsumfang: So wurde beispielsweise der Ton vorab mit weniger feuerfestem Kleinzeug (z. B. Stroh) vermischt, was dafür sorgte, dass der Krug nach dem Brennen mit feinsten Poren durchzogen war. Durch die auf diese Art „ausschwitzende" Flüssigkeit blieb der Inhalt des Kruges schön kühl.

Die Funde jener Zeit verteilen sich auf weite Teile Österreichs. Oft sind es winzig kleine Scherben, aus denen das geschulte Auge die erstaunlichsten Dinge herauslesen kann. Das geht

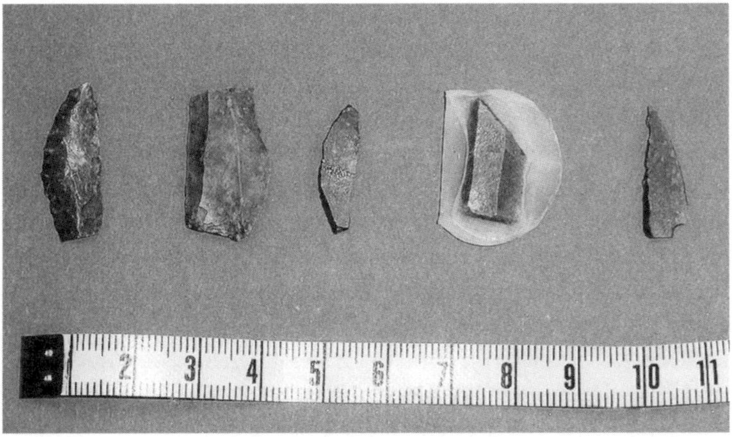

Urzeitliche „Schweizer Messer“

sogar so weit, dass die Bruchstücke davon erzählen, wie sich unsere Vorfahren zu größeren Gruppen zusammentaten. Denn verschiedene Fundorte ließen sich anhand von Gemeinsamkeiten zusammenfassen, Herstellungsverfahren und Muster einander zuordnen. Endlich konnte man über vereinzelte Kleingruppen hinaus von einer gemeinsamen Kultur sprechen, dabei verschiedene Entwicklungsstufen feststellen, und den Menschen einer Epoche einen gemeinsamen Namen geben. Und das haben die Urgeschichtsforscher auch gemacht, indem sie die Verzierungen des Tongeschirrs zum wichtigsten Unterscheidungsmerkmal machten. Wenn wir also heute über die Menschen der beginnenden Jungsteinzeit fachsimpeln, nennen wir sie einfach *Linienbandkeramiker.* Zugegebenermaßen keine besonders fetzige Bezeichnung – und daher wohl der letzte Eigenname aus der gesamten Steinzeit, der es noch nicht zum Namen einer Hardrockband gebracht hat. Doch kein Nachteil ohne Vorteil: Wer sich mit der Jungsteinzeit befasst, erfährt so in einem Atemzug, welche Menschen damit gemeint sind *und* wie ihr Geschirr aussah.

Auf Kärntens Boden häufen sich die jungsteinzeitlichen Funde erst, als man dazu überging, das Tongeschirr nicht nur zu verzieren, sondern auch zu bemalen. Die ältesten Fundstücke dieser Zeit stammen also, wie sich schon erahnen lässt, aus der *bemaltkeramischen* Epoche. In Kärnten war diese vor etwa 4 000 Jahren. Diese Menschen hinterließen uns mit ihren neuen Töpfen einen der seltenen Beweise, dass sie nichts gegen einen Tupfer Farbe im Leben hatten. Denn durch das Brennen des Tons blieben Verzierungen über 6 000 Jahre überraschend gut erhalten. Inzwischen geht man davon aus, dass zahlreiche andere Gegenstände, die es nicht in unsere Zeit geschafft haben, ebenfalls bemalt oder farbig verziert waren. Kleider, Körbe etc. verrotten nach vergleichsweise kurzer Zeit, und daher kann man die Mode dieser Zeit nur indirekt nachvollziehen, wie wir weiter unten sehen werden.

Eine für Kärnten untypische, im übrigen Alpenraum jedoch öfter anzutreffende Siedlungsform der Kupferzeit ist die auf Pfählen errichtete Siedlung mitten im Keutschacher See. Dass früher gerne über der Wasseroberfläche gebaut wurde, wissen Archäologen schon länger. Bereits im 16. Jahrhundert war bekannt, dass sich zum Beispiel im Bodensee ausgedehnte Pfahlfelder befinden. Doch die wissenschaftliche Erforschung begann erst 300 Jahre später, zu jener Zeit, als die Alpengletscher am Ende der *Kleinen Eiszeit* ihre höchste Ausdehnung erlangten. Denn das viele Eis kam den Archäologen auf Umwegen durchaus gelegen. Die Seen im Alpenraum hatten Mitte des 19. Jahrhunderts den tiefsten Wasserstand seit Beginn diesbezüglicher Aufzeichnungen. Darüber freute sich keiner mehr als ein Schweizer namens Ferdinand Keller: Der Altertumsforscher hatte dank der alpinen Wasserknappheit im Jahre 1854 die Möglichkeit, trockenen Fußes eine Pfahlbausiedlung im Zürcher See zu analysieren, die dort umständehalber „auftauchte". Er erkannte als Erster, dass es sich bei Bauten dieser Art nicht etwa um in die Jahre gekommene Bootshäuschen, sondern um eine urgeschichtliche Siedlungsform handelte. Erst einmal auf die Idee gebracht, wurde in den Folgejahren in den Gewässern Italiens, Deutschlands und nicht zuletzt Österreichs eifrig nach weiteren ähnlichen Besiedlungsspuren getaucht. In Kärnten zeichnete dafür die *Kaiserlich Königliche Central-*

Commission für die Erforschung und Erhaltung der Baudenkmale verantwortlich – also das heutige Bundesdenkmalamt. Nicht weniger als dreizehn Seen wurden hierzulande analysiert, jedoch erschienen nur fünf von ihnen weiterhin erkundenswert. Man informierte den Geschichtsverein zu Klagenfurt über die Ergebnisse, der sich von nun an um die Sache kümmerte.

Erste wissenschaftliche Erfolge stellten sich 1864 ein, als bei einer Untersuchung der nur wenige Meter tiefen Keutschacher Seemitte zwischen den Pfählen etliche Lehmklumpen gefunden wurden, wie man sie in der Vorzeit zum Verputzen der Hausmauer verwendete. Gleichzeitig kamen zahlreiche hilfreiche Tonscherben zutage. Aufgrund der vergleichsweise einfachen Verarbeitung der Ware ging man bereits damals von einem beachtlichen Alter aus. Josef Ullepitsch fand in seinem Fundbericht von 1864 klare Worte: *„Lauter dicke unförmliche Waare, der man es deutlich ansieht, daß sie ohne weitere Werkzeuge als die Hand erzeugt wurde. Nur ein Stück ist dünner und mit eingedrückten Zierrathen versehen. Verglichen mit anderwärts gefundenen sind erstere der Steinzeit, letzteres der Bronzezeit beizurechnen.“*

Die Schätze, die man in den ersten Jahren vom Seegrund barg, erregten auch das Interesse von Graf Ladislaus Gundaker von Wurmbrand. Der honorige Mann, der in seiner beruflichen Laufbahn unter anderem Leutnant der kaiserlichen Armee, Geheimrat, Landeshauptmann der Steiermark, sowie k. u. k. Handelsminister war, verschrieb sich in seinem Ruhestand der Archäologie. Auf diesem Wege hatte er sich bereits bei den Pfahlbaufunden im Salzkammergut einen Namen gemacht. 1871 führte ihn seine wissenschaftliche Neugier nach Keutschach, um den bisherigen Fundus zu begutachten. Doch das, was er hier zu sehen bekam, überzeugte ihn überhaupt nicht – es wäre seiner Meinung nach zu gering, um *„eine bewohnte Pfahlbauniederlassung als unzweifelhaft gelten zu lassen.“* Er untersuchte lieber den Wörthersee, blieb aber dort letztendlich ebenso erfolglos wie alle weiteren Forscher nach ihm. Also kehrte er nach Keutschach zurück und ruderte zur Seemitte. Es dauerte nicht lange, und die Laune des Grafen besserte sich augenblicklich: Nachdem er zwei Tage lang Topfscherben, Lehmstücke und Knochen an Land gezogen hatte, revidierte er freudig seine erste Einschätzung und hinterließ der Welt einen detaillierten Fundbericht.

Die Forschungsergebnisse des 19. Jahrhunderts wurden in den darauffolgenden 100 Jahren laufend durch beachtliche weitere Funde ergänzt. Der Sammlungskatalog könnte sogar um einiges dicker sein, wären in der zweiten Hälfte des letzten Jahrhunderts nicht Sporttaucher aller Länder auf den Geschmack gekommen, sich selbst auf die Suche zu machen. Einheimische erzählten, dass Urlauber aus Holland und Deutschland in den 70er- und 80er-Jahren des vorigen Jahrhunderts mit Kisten voller Scherben den Heimweg antraten. In einer Fachzeitschrift für Tauchsport fand sich sogar eine Werbung für einen „Aben-

Nahe am Wasser gebaut – eine Pfahlbausiedlung.

Herzog Karasts lästiger Widersacher – der Lindwurm

Spuren menschlicher Anwesenheit in der Potocnikhöhle

Urzeitliches Wanddekor – Tropfsteinhöhle Griffen

Was von der Eiszeit übrig blieb – die Pasterze.

Alles unter einem Dach – jungsteinzeitliches Langhaus

Aus steilen Hängen werden Äcker – aus Steinen werden Terrassen.

Einst reges Leben, heute ist es still geworden – der Strappelkogel

Jungsteinzeitliches Werkzeugsortiment

So wohnte man in der Jungsteinzeit.

Treffen der Generationen auf dem Tscheltschnigkogel – Besiedelung von der Kupferzeit bis in die Spätantike.

Eine mit Steinen ausgekleidete Grube, in der Mitte eine Tonschale – Brandgrab aus Führholz, 6. Jahrhundert v. u. Z.

Heute nur mehr eine Bodenwelle –
das Fürstengrab von Waisenberg.

Querschnitt eines Hügels mit reichen Grabbeigaben – Frög

Unlösbare Aufgabe für Archäologen –
Altersbestimmung der Schalensteine vom Danielsberg.

teuertauchurlaub am Keutschacher See". Obwohl die Pfahlbausiedlung bald unter Schutz gestellt wurde, war der Schaden bereits angerichtet. Spätere Tauchgänge kamen zu dem Ergebnis, dass die Stätte ein Ausmaß der Zerstörung erreicht hatte, das eine weitere archäologische Untersuchung nicht mehr sinnvoll erscheinen ließ. Das Areal war leer geplündert, und der schlammige Seeboden, der möglicherweise Aufschluss auf zeitliche Abfolgen hätte geben können, unzählige Male durcheinandergewühlt worden.

Trotzdem gelang es, die Keutschacher Funde der späten Jungsteinzeit bzw. der frühen Kupferzeit zuzuordnen, also der Zeit zwischen 4 200 und 3 800 v. u. Z. Neben der aus dem letzten Kapitel bereits bekannten Kohlenstoffdatierung stand den Forschern hier eine weitere Technologie zur Verfügung, die sogenannte *Dendrochronologie*. Diese Datierungsmethode beruht auf der simplen Tatsache, dass ein Baum in glücklichen Jahren schneller wächst als in Zeiten, wo es ihm nicht so gut geht. Als unmittelbare Folge davon kommen die Jahresringe in den fetten Jahren weiter auseinander zu liegen als in den mageren. Daraus ergibt sich eine Art örtlicher Fingerabdruck. Weiß man nun von einem Baum in einer bestimmten Region, aus welcher Zeit er stammt, kann man andere Bäume in derselben Klimazone mit ihm vergleichen, da die Abstände der Jahresringe ident sind. In Keutschach standen den Forschern bestens erhaltene Eichenpfähle zur Verfügung, die sich für die Dendrochronologie besonders gut eigneten. Dank der organischen Substanz der Hölzer hatte man gleichzeitig Material für eine Kohlenstoffdatierung auf der Sezierbank. Dafür entnahm man Proben aus dem Inneren der Stämme, da das Material dort am besten erhalten war. Das Ergebnis lieferte folglich das Geburtsjahr eines jeden Baumes. Indem man zu dieser Jahreszahl die Anzahl der Jahresringe addierte, erhielt man – voilà! – das Alter der Baumstämme bei der Schlägerung. Die oben genannte Zeitspanne zwischen 4 200 und 3 800 erklärt sich durch das unterschiedliche Alter der verwendeten Bäume.

Zur Zeit der Keutschacher Pfahlbauten kam es in Kärnten auch an Land zu einer vermehrten Siedlungstätigkeit. Die Urgeschichtsforschung kann dies auf der Basis von Fundorten nachweisen, die sich in einem gedachten Korridor von Villach nach Wolfsberg häufen. Unsere Vorfahren lebten zu dieser Zeit offenbar lieber in der östlichen Hälfte des Landes. Dabei zog es sie an Orte, die heute bei Kärntner Archäologen Kultstatus genießen, deren Auffindung auf der Landkarte jedoch selbst landeskundige Einheimische vor eine harte Prüfung stellt: Wauberg, Kulm, Ottilien- und Strappelkogel – so lauten einige Namen jener Orte, wo es sich damals abspielte. Manche dieser Stätten sucht man sogar auf den Karten des Bundesamtes für Eich- und Vermessungswesen vergeblich. Der Strappelkogel beispielsweise befindet sich nur wenige Kilometer westlich von Wolfsberg. Wer, angeregt durch die vielfältigen Forschungsberichte der vergangenen Jahrzehnte, selbst auf Spurensuche gehen möchte, ist mitunter auf Zeitzeugen angewiesen, welche die oftmals einige Jahrzehnte zurückliegenden Grabungen selbst verfolgt haben. Schwieriger als der Aufstieg auf den kleinsten Berg des Lavanttals erwies sich die Suche nach ihm. Der entscheidende Hinweis, ohne den man mitunter viel Zeit in den Osthängen der Saualpe verbringt, führt zu einem freundlichen Bauerngehöft vulgo „Stroppl" (!), auf der Zufahrtsstraße von Wolfsberg nach Forst gelegen. Ein kurzer Forstweg leitet zu einem unscheinbaren Hügel, wie man ihn wohl im ganzen Land finden würde, wenn Hügel wie diese nur nicht so unscheinbar wären. Unvorstellbar: Auf der kleinen Kuppe, deren dichter Fichtenwuchs jeden Blick auf das untere Lavanttal verwehrt, pulsierte also vor 6 000 Jahren das Leben! Und während man sich ausmalt, wie es damals wohl ausgesehen haben mag, stellen sich zwei Fragen: Warum gerade hier? Und: Warum eigentlich nicht gerade hier?

Andere Stätten früher Siedlungstätigkeit brachten es im Laufe der Jahrtausende zu einem weit höheren Bekanntheitsgrad, wie der bei Sportkletterern überaus beliebte Kanzianiberg bei Villach, auf dem man ebenfalls Siedlungsspuren aus der Jungsteinzeit fand. Manches spricht dafür, dass die Bewohner seines Plateaus überhaupt die ersten sesshaften Menschen auf Kärntner Boden waren. Ihnen diente die beinahe senkrecht abfallende Südwestflanke als Schutz vor unliebsamen Überraschungen. Karl Lukan stellte in seinen Notizen zum Kanzianiberg die Frage in den Raum, wie diese Siedler wohl die Zukunft kommentiert hätten, in der sich Leute in bunten Gewändern am Bergfuß anstellen, um über eine möglichst schwierige Strecke nach oben zu klettern. Und die dann, wenn sie den Gipfel endlich erreicht haben, über die angenehme Seite nach unten spazieren, um ein weiteres Mal nach oben zu steigen.

Wie schon zuvor in Keutschach, fand man auch am Kanzianiberg Bruchstücke aus Lehm, die darauf schließen lassen, dass die Bewohner auf der Anhöhe in Hütten gewohnt hatten. Steinerne Pfeilspitzen legen nahe, dass sie mit Pfeil und Bogen auf die Jagd gingen. Einen besonders bemerkenswerten Fund stellen zwei längliche Platten aus Ton dar. Sie weisen ein Zickzackrelief auf, welches an das Profil eines geländetauglichen Winterreifens erinnert. Doch zu welchem Zweck? Universitätsprofessor Leonhard Franz mutmaßte dazu 1935 in seinen Notizen zur urgeschichtlichen Zeit Kärntens: *„Man pflegt in solchen Gegenständen Stempel zu sehen, die zum Auftragen farbiger Muster auf den menschlichen Körper bestimmt gewesen sind. Der Brauch, den Körper zu bemalen, ist in Europa bereits vom Menschen der Eiszeit geübt worden, außerhalb unseres Erdteiles hat er sich bekanntermaßen bis heute lebendig erhalten. Bröcklein rund gekneteter, rötlicher Erde, die unweit von diesen zwei Stempeln gefunden worden sind, könnten der Grundstoff für die Stempelfarbe gewesen sein."* In diesem Büchlein, das neben den „Stempeln" auch Bilder eines Tonlöffels vom Strappelkogel (der, was die Suche nach ihm übrigens auch nicht einfacher macht, bei ihm *Stroppelkogel* heißt) oder von Scherben aus Kulm bei Ettendorf enthält, erhält man einen Einblick in die noch junge Urgeschichtsforschung. Aus damaliger Sicht waren in diesem Buch die ältesten Zeugnisse menschlichen Lebens auf Kärntner Boden vereint. Denn von den Steinzeitjägern in Griffen wusste man zu dieser Zeit noch nichts.

Wie wir eingangs gesehen haben, werden bis zur Untersuchung der Griffener Tropfsteinhöhle noch ganze 20 Jahre ins Land ziehen.

Es breitet sich also Leben aus in den Becken Kärntens. Und obwohl alle bekannten Siedlungen außerhalb der Kärntner Bergwelt liegen, gilt doch die Höhensiedlung als die typische Siedlungsform dieser Zeit. Fast alle Fundorte liegen – wie die oben genannten Namen natürlich bereits signalisieren – auf kleinen Anhöhen. Allerdings nicht allzu weit entfernt von sonnigen, fruchtbaren Hängen, die man auf möglichst ertragreiche Art landwirtschaftlich nutzen konnte. Die Hügel boten der Siedlung dabei eine gewisse Schutzfunktion. Dazu kommt, dass die Talböden des gesamten Landes dicht bewaldet (und nicht selten versumpft) waren. Die ersten kleinflächigen Rodungen fanden nach heutigen Erkenntnissen erst zur beginnenden Kupferzeit statt. Also zu einer Zeit, in der die Menschen das bergmännische und handwerkliche Können erwarben, Kupfer zu verarbeiten. Mit den daraus geschmiedeten Äxten ging das Bäumefällen gleich viel einfacher von der Hand.

Durch Annehmlichkeiten wie diese auf den Geschmack gebracht, hatte die Metallgewinnung bald weitreichende Folgen für die Entwicklung der Menschen. Denn die Möglichkeit und das Know-how, Kupfer zu verarbeiten, läutete das Ende der Steinzeit ein. Auch wenn Steingeräte weiterhin ihre Verwendung fanden: der Anteil der Metalle an den verwendeten Werkstoffen stieg sprunghaft an. Der Alpenraum war mit Kupferlagerstätten gut ausgestattet. Durch die Bodenschätze entstand sogar ein erstes weitreichendes Netz an Handelsbeziehungen. Trotzdem sollte es noch eine Weile dauern, bis den Schmiedemeistern des Alpenraums eine bahnbrechende Möglichkeit zugetragen wurde, die Qualität ihrer Produkte zu steigern. Mengt man nämlich dem Kupfer ein wenig Zinn bei, erhält man im Vergleich zum reinen Kupfer eine wesentlich härtere Legierung. Werkzeuge blieben dank der neuen Technik nun länger scharf, hatten eine längere Lebensdauer und korrodierten kaum. Dasselbe gilt, wie man noch herausfinden wird, für Waffen.

Die Entdeckung dieser Methode der Metallveredelung war so revolutionär, dass sie neuerlich eine Epoche der Urgeschichte einleitete, für die sie auch namensgebend war. Gemeint ist die Bronzezeit, die in unseren Breiten etwa vor 4 000 Jahren – also rund zwei Jahrtausende vor Beginn unserer Zeitrechnung – begann. Auch wenn Funde aus der frühen Bronzezeit rar sind, geben uns manche von ihnen unerwartete Einblicke in die Entwicklung, die das Land inzwischen genommen hat. So gab es bereits eine bunte Vielfalt heimischer Exportschlager. Ein Beispiel: In einem prunkvollen Grabhügel auf der dänischen Insel Fünen fanden Archäologen ein hochwertiges Tuch. Es war aus feinsten Brennnesselfasern gefertigt. Dieses Material war einst genauso gefragt wie Rohseide. Den Forschern gelang es, den Herstellungsort der Grabbeigabe bis in den steirisch-kärntnerischen Raum zurückzuverfolgen. Auch eine Bronzeurne aus demselben Grab stammt aus heimischer Produktion. Die Ware muss von bestechender Qualität gewesen sein. Denn um an Bronze heranzukommen, hätte der dänische Prinz nicht so weit reisen müssen. Und der Brennnessel wegen erst recht nicht.

NAHAUFNAHME

Die ersten Landwirte Österreichs

Als in Mitteleuropa vor rund 10 000 Jahren mit den Gletschern auch der Großteil der Tierwelt von der Bildfläche verschwand, blieben die Menschen ratlos zurück. Die Vorstellung, sich ab nun von Beeren, Pilzen und Wildgetreide zu ernähren, erschien von Beginn an nicht besonders attraktiv: Wissenschafter stellten unlängst mithilfe einer simplen Kalorientabelle den Aufwand der Suche, Ernte und Verwertung von Wildgetreide dem zu erwartenden Ertrag gegenüber und kamen bald zu dem Schluss, dass sich die Sache für den Menschen der Jungsteinzeit niemals lohnen konnte. Allein die Suche verschlang um ein Vielfaches mehr an Energie, als die Körner bei bestmöglicher Ausbeute jemals liefern konnten. Zumal die wechselnden Jahreszeiten die Notwendigkeit vorgeben, in wenigen Monaten große Mengen an Getreide zu bunkern. Im Falle einer, sagen wir, zehnköpfigen Sippe wäre es ratsam gewesen, zusätzlich zu den Beeren und Früchten weitere fünf bis zehn Tonnen Getreide in Reserve zu haben, um gut über den Winter zu kommen. Denn Wildgetreide ähnelt in Form und Ergiebigkeit den großsamigen Gräsern auf unseren heutigen Wiesen. Da ist man schon eine Weile beschäftigt, bis man seinen Wintervorrat beisammen hat! Verständlich, dass der Mensch daher die tierische Nahrung nicht einfach so von seinem Speiseplan nehmen wollte.

Die Bevölkerung Mitteleuropas entwickelte unterschiedliche Strategien, um mit dieser neuen Situation fertig zu werden. Daraus bildeten sich drei Gruppen: Ein Teil folgte dem verbliebenen Großwild in die nördlichsten Ecken des Kontinents. Ein anderer wiederum versuchte sein Glück im Süden und ernährte sich fortan von Muscheln und Meeresfrüchten. Unsere Vorfahren sind jener dritte Teil, der sich fürs Hierbleiben entschied.

Die ersten landwirtschaftlichen Erfahrungen auf österreichischem Boden wurden im Osten Österreichs gesammelt – lange bevor es in Kärnten losging. Der Lößboden dort war fruchtbar, und das Klima äußerst günstig. Denn im 6. Jahrtausend vor der Zeitenwende war es im Durchschnitt um einige Grad wärmer als heute. Also begannen die Ur-Niederösterreicher damit, Einkorn und Emmer anzupflanzen, auch vom Anbau von Linsen und Erbsen weiß man. In der Fachliteratur führte dies dazu, dass das Gebiet unter Archäologen als die **Emmer-Einkorn-Erbsen-Zone** bekannt ist. Kärnten hingegen war für weitere ein bis zwei Jahrtausende aus bodenkultureller Sicht nur „Zone".

Die Jagd hatte bei den Menschen nun nicht mehr oberste Priorität. Eine attraktive Alternative, dem Essen nicht mehr hinterherlaufen zu müssen, fand man in Form der Viehzucht. Erste Domestizierungsversuche unternahm man mit Schafen und Ziegen. Das weiß man heute durch Skelettfunde, die zeigen, dass sich ihr Knochenaufbau vor allen anderen Haustierrassen zu verändern begann. Was den Forschern als Hinweis dafür diente, dass sich der Alltag dieser Tiere massiv gewandelt haben musste. Sie dürften wohl dank ihrer Genügsamkeit zuerst in die Dorfgemeinschaft aufgenommen worden sein – ihr Nahrungsmittelbedarf stellte für den Menschen keine Konkurrenz dar. Man konnte sie in die umliegenden Wälder entlassen, wo sie sich selbst um ihr Futter – Wurzeln, Blätter, Rinden etc. – kümmerten. Und damit fanden die Tiere ihr Auslangen. Viele horntragende Pflanzenfresser sind in der Lage, in ihren Mägen Zellulose aufzuspalten und so in Nahrung zu verwandeln. Den

Ziegen sagt man sogar nach, einige Zeit lang von Zeitungspapier leben zu können. Nicht, dass ihnen diese außerordentliche Fähigkeit damals etwas genützt hätte.

Etwas später dehnte sich die Hofhaltung auf Schweine und Rinder aus, bald kam das Pferd dazu. Bis aufs Federvieh, das erst einige Jahrtausende später folgen sollte, war der „Bauernhof" komplett. Die nun landwirtschaftlich organisierten Menschen verfügten im Gegensatz zu früher über ein jederzeit abrufbares Nahrungsmitteldepot. Was uns nicht zu der Annahme verleiten sollte, dass die Menschen fürderhin in Saus und Braus lebten: Archäologen diagnostizierten unseren Vorfahren anhand von Knochenproben Mangelerscheinungen sowie deutliche Zeichen von Unterernährung.

Ins Forscherdeutsch übersetzt, vollzog sich nicht über Nacht, jedoch innerhalb weniger Jahrtausende der Übergang von der **aneignenden** zur **produzierenden** Wirtschaftsform. Für die Menschen bedeutete das, nicht nur die Nahrungsgewohnheiten an die neue Situation anzupassen, sondern gleich ihr ganzes Leben. Wer Felder bebauen wollte, konnte nicht mehr übers ganze Jahr hindurch durch die Gegend ziehen. Folglich entstanden die ersten Häuser: Bäume wurden gefällt und Pfähle in den Boden geschlagen, die mit einem Rutengeflecht verbunden wurden. Daraufhin wurden die Wände mit Lehm verschmiert und das Dach gedeckt. Womit, weiß man nicht – es wird wohl ein Material gewesen sein, das man vor Ort zur Genüge hatte. Stroh zum Beispiel, vielleicht auch Baumrinde. In diesem einen Gebäude hatte dann die ganze Sippe Platz.

SPURENSUCHE

Zusätzlich zum Kärntner Landesmuseum, welches eigene Ausstellungsbereiche für jeden der besprochenen Abschnitte bereithält, erlaube ich mir einen kurzen Hinweis über die Landesgrenzen hinaus: Das Naturhistorische Museum Wien verfügt über eine beeindruckende Sammlung urzeitlicher Exponate aus allen Ecken des Landes. Wer will, kann hier die Entwicklung der einzelnen Regionen Österreichs miteinander vergleichen, ohne den Ausstellungsraum verlassen zu müssen. *www.nhm-wien.ac.at*

Und da man ohnehin bereits in der Gegend ist: Im Urgeschichtemuseum in Asparn an der Zaya findet man originalgetreue, „lebensgroße“ Nachbauten von Wohnstätten aus der Stein-, Kupfer- und Bronzezeit. *www.mamuz.at*

Die zweitgrößte archäologische Sammlung Österreichs befindet sich in einer Zweigstelle des Grazer Joanneums, dem Archäologiemuseum im Schloss Eggenberg. *www.museum-joanneum.at*

Gewissermaßen der Prototyp urzeitlicher Höhensiedlungen ist der Kanzianiberg bei Finkenstein. In rund 20 Minuten führt ein Spazierweg vom Parkplatz auf das Gipfelplateau. Bei der Anfahrt ist bereits von Weitem die schützende Steilwand zu sehen, die Karl Lukan – der den „Kanz“ mit hoher Wahrscheinlichkeit selbst durchstiegen hat – zu seinen Überlegungen führte.

Die da oben

Grabungen in den unteren Schichten erzählen von der Oberschicht

2500 – 300 v. u. Z.

Für die weitere Entwicklung Kärntens war das üppige Vorkommen von Bodenschätzen eine erfreuliche Sache. Denn vorher, also während der Steinzeit, richtete sich das Hauptaugenmerk der damaligen Bewohner eher auf den Osten Österreichs. Nacheiszeitliche Windverlagerungen haben dort aus Mineralstaub den besonders fruchtbaren Lößboden entstehen lassen. Der auf die Landwirtschaft ausgerichteten Bevölkerung fiel die Wahl des Siedlungsplatzes unter diesen Gegebenheiten nicht sonderlich schwer. Wir wissen jedoch inzwischen, dass sich der Süden des Landes ebenfalls zunehmender Beliebtheit erfreute, auch wenn die Lebensbedingungen für Ackerbauern auf den ersten Blick nicht so attraktiv erschienen. Doch für die Gunstlagen der Natur hatte der Mensch seit jeher ein gutes Gespür, und was in den Ohren der Marchfeldbauern vielleicht nicht aufregend klingt, war hierzulande bei näherer Betrachtung gar nicht übel. Im Grunde damals ähnlich wie heute: Auch wenn die Ackerflächen Kärntens etwas bescheidener ausfallen, lässt es sich da ganz gut leben.

Die Wahl des Wohnortes trafen die Menschen nach Gesichtspunkten, die für uns am besten nachvollziehbar sind, wenn wir uns in ihre Situation versetzen. Wer beispielsweise bei einer mehrtägigen Wandertour in den Bergen nach einem günstigen Standplatz für das Zelt Ausschau hält, hat dieselben Auswahlkriterien im Kopf wie unsere Vorfahren: Wo bietet das Gelände den besten Schutz? Von wo aus sehe ich den Sonnenuntergang am besten? Ist in der Nähe genügend Trinkwasser vorhanden? Und wo muss man das Zelt hinstellen, sodass es bei starken Regenfällen nicht von ebenjenem Wasser ins Tal gespült wird? Die Fragen sind die gleichen, die sich bereits die ersten Bauern der Jungsteinzeit stellten, als sie es sich auf dem Kanzianiberg gemütlich machten. Außer vielleicht, dass man sich heute weniger Gedanken über die Entfernung zum nächsten Acker macht.

War der passende Platz für eine Siedlung einmal gefunden, folgte die Suche nach einer großen, möglichst gleichmäßigen und vorzugsweise sonnseitigen Nutzfläche. Nach wie vor war der Mensch zum Überleben auf die Erträge des Ackerbaus angewiesen, Getreide war die Hauptnahrung, und Fleisch die Ausnahme. Sattmacher wie Erdäpfel gab es hierzulande noch nicht – die sollte der europäische Boden erst Tausende Jahre später hervorbringen.

Die benötigte Menge an Nahrungsmitteln war inzwischen deutlich gestiegen. Abgesehen davon, dass es generell mehr Menschen zu versorgen gab, waren nun auch jene zu verköstigen, die außerhalb der Landwirtschaft, also beispielsweise im Bergbau oder als Handwerker, tätig waren. Ein größerer Bedarf an Lebensmitteln führt naturgemäß zu einem größeren Platzbedarf. Daher wurden Waldflächen in der Nähe der Siedlungen gerodet und in Ackerboden verwandelt. Was sich hier mit einem einzigen Satz gemütlich zu Papier bringen lässt, war in Wirklichkeit eine schweißtreibende, zermürbende Angelegenheit. Sich das vorzustellen, ist für uns eher schwierig, denn Wälder, die sich selbst überlassen sind, gibt es praktisch nicht mehr. Nur 0,7 Prozent der österreichischen Wälder unterliegen strengen Schutzbestimmungen, daher weiß kaum jemand, wie der Alpen-Urwald ausgesehen hat. Wir können jedoch von dicht bewachsenen, schwer durchdringbaren Flächen ausgehen. Dieses Gehölz zu lichten war ein mühseliges und langwieriges Geschäft. Das Fällen der Bäume zählte dabei noch zu den leichteren Aufgaben, viel schwieriger war es schon, den mit einem weit verzweigten, zähen Wurzelwerk durchzogenen Boden in eine Ackerfläche zu verwandeln.

In diesen urzeitlichen Waldweiden werden zuallererst Nutztiere wie Schweine, Kühe, Ziegen und Schafe auf Nahrungssuche gegangen sein. Gerade die Schweine gelten nach wie vor als zuverlässige Helfer, wenn es darum geht, eine Wiese ohne großes persönliches Engagement in einen Acker zu verwandeln. Damals gehörten auch Pferde und Hunde zu jenen Haustieren, die ihren fixen Platz in der Nahrungskette hatten, und daher fallweise auf dem Menüplan unserer Vorfahren zu finden waren. Die ersten Hühner dürften aber erst am Ende der Hallstattzeit im Kärntner Boden nach Würmern gescharrt haben.

Doch abgesehen vom Essen: Der Mensch erkannte in dieser Zeit die Vorzüge des Pferdes als Verkehrs- und Transportmittel. Denn ehe man lernte, ein Pferd zu zähmen, hatte es (abseits der Gewässer) überhaupt keine Fortbewegungsmittel gegeben. Wer also irgendwohin wollte, musste zu Fuß gehen. Das Rad war zwar seit langer Zeit erfunden, doch da es keine guten Wege, geschweige denn Straßen gab, kam niemand auf die Idee, sich damit den Weg über Stock und Stein unnötig zu erschweren. Mit dem Pferd allerdings wurde es plötzlich möglich, an einem Tag die doppelte Distanz der bisherigen zurückzulegen. Die Menschen hatten nun eine weitaus größere Reichweite – und das im Sitzen. Eine willkommene Hilfestellung für den aufstrebenden Handel in Kärnten!

Die Rahmenbedingungen, die der Mensch zu Beginn des letzten Jahrtausends vor unserer Zeitrechnung vorfand, lassen sich also wie folgt zusammenfassen: Eine zunehmend arbeitsteilige Gesellschaft, die im Kärntner Raum weiterhin am liebsten auf sanften Höhen lebt, hat damit begonnen, das Land nach den eigenen Anforderungen umzugestalten. Außerhalb des alpinen Raumes entstanden erste kleine Ballungsräume, Ackerflächen und Verkehrswege, die Gebirgsregionen blieben unbesiedelt. Obwohl nun immer weitere Teile des Landes bewohnt waren, fand das tägliche Leben der einzelnen Sippen weiterhin auf kleinem Raum statt. Für eine regelmäßige soziale Interaktion mit anderen Siedlungsgruppen waren die Waldflächen wohl noch zu dicht. Im Umland von Villach wie auch im Unterkärntner Raum kennt man heute mehrere urzeitliche Höhensiedlungen, die in etwa zur gleichen Zeit bezogen wurden: Mangels schriftlicher Überlieferungen kann jedoch niemand sagen, wie die Menschen ihre Heimat damals nannten. Dem geschichtsinteressierten Publikum sind sie heute unter den Namen Gurina (bei Dellach im Gailtal), Frög (bei Rosegg/Rosental) oder auch Gracarca (am Klopeiner See) bekannt.

Als man dann vor rund 3 000 Jahren zuerst im Mittelmeerraum, bald darauf auch weiter nördlich mit der Verarbeitung von Eisen begann, befand sich die Region abermals im Umbruch. Eine Epoche, die sich wieder einen eigenen Namen verdient, nahm ihren Anfang. Mit der *Eisenzeit* ist in unseren Breiten jener Zeitabschnitt gemeint, der im 9. Jahrhundert v. u. Z. beginnt und etwa 750 Jahre später mit der Ausdehnung des Römischen Reiches nach Norden zu Ende gehen sollte. Sie ist auch der letzte urgeschichtliche Abschnitt: jener Löwenanteil der Menschheitsgeschichte, den man nur durch die Arbeit der Archäologen kennt, da schriftliche Zeugnisse fehlen.

Die Gewinnung von Bodenschätzen und deren später folgende Verarbeitung führte zu einer völligen Veränderung des Alltags. Mit Bronze und dann – noch besser! – Eisen war endlich ein Material gefunden, aus dem man robuste Waffen herstellen konnte. Und mit der Entdeckung des Metallgussverfahrens hatte man gleich die notwendige Technologie, um Schwerter in die Serienproduktion zu geben. Dass das zu gesellschaftlichen Umwälzungen führte, ist selbsterklärend. Da es hier jedoch nicht um Herrschaftspolitik geht, soll dieser Aspekt nur erwähnt sein und weitere Überlegungen zum Konfliktlösungspotenzial einer Streitaxt den entsprechenden Experten überlassen bleiben.

Auffallend ist, dass die Kärntner Bevölkerungszahl sprunghaft anstieg, als man mit der Verarbeitung von Eisen begann. Wir wissen heute insbesondere dank der regen Forschungstätigkeit der vergangenen Jahrzehnte, dass in der größten Tallandschaft des Alpenraumes, dem Klagenfurter Becken, im 9. Jahrhundert mehrere Siedlungen entweder im Entstehen waren oder zu dieser Zeit bereits existierten. Eine bemerkenswerte, erst seit Kurzem erforschte Stätte ist beispielsweise das Gebiet rund um

Wohnstätte mit nahe gelegener Ackerfläche – der Lamprechtskogel

den Lamprechtskogel nördlich von Völkermarkt. Die Ausgrabungen kommen in Sachen Berühmtheit zwar weit hinter den Hügelgräbern von Frög zu liegen, trotzdem sind doch einige äußerst erstaunliche Dinge zutage getreten, die dem Kogel nun den Platz in der Geschichte zuweisen, den er verdient.

Wer zum Lamprechtskogel will, muss wissen, wie. Im Gegensatz zu den längst vergangenen Tagen führt heute nämlich kein überregionaler Verkehrsweg vorbei (worüber man im Trixnertal vermutlich ganz froh ist). Damals allerdings hätte die Lage am südlichen Ausgang des Görtschitztals besser nicht sein können: im Norden die ergiebigsten Bergbaugebiete des Landes, unmittelbar im Süden die wichtigsten Verkehrswege entlang der Drau. Und genau dazwischen thronte der Lamprechtskogel. Wie die meisten seiner zeitgenössischen Siedlungsplätze hob er sich mit rund 200 Höhenmetern deutlich vom Talboden ab und bot daher beste Voraussetzungen für all jene, die gerne den Überblick bewahren wollten. Dazu gehörte vor knapp 3 000 Jahren eine reiche Adelsschicht, die den Kogel zum Zentrum ihres Einflussgebietes erkor. Wie die Häuser dieser wohlhabenden Gesellschaft konkret ausgesehen haben, lässt sich heute leider nicht mehr sagen. Aufgrund der hallstattzeitlichen Keramikscherben, die man fand, weiß man jedenfalls, dass sich im Lauf der Jahrhunderte immer wieder Menschen dort angesiedelt haben. Doch gerade weil der Kogel auch zu späterer Zeit immer wieder genutzt und bebaut wurde, ist von der eisenzeitlichen Besiedlung wenig übrig. Dieses Schicksal teilt der Kogel übrigens mit zahlreichen anderen Siedlungsplätzen, da deren gute strategische Lage späteren Generationen ebenso wenig verborgen blieb. Im Kärntner Raum gingen urzeitliche Spuren vielerorts spätestens durch mittelalterliche Burgbauten verloren, wenn nicht zuvor schon die Römer Ähnliches im Sinn hatten. Darüber hinaus machten Terrassierungen, ob nun zu Wohn- oder Kultivierungszwecken, die Suche nach Siedlungsspuren ebenfalls nicht einfacher. Und selbst wenn man trotzdem auf Fundstücke stößt: Wurde das Gipfelplateau schon ein, zwei oder drei Mal umgegraben, weiß man nicht mehr, ob die tiefer gelegene Tonscherbe tatsächlich älter ist als der Splitter darüber. Da Archäologen vor Publikum ihren Unmut über solch erschwerte Bedingungen nicht kundtun, umschreiben sie das Durcheinander meist höflich als *stratigraphische Störung*.

Dass sich die Siedlung auf dem Lamprechtskogel damals hervorragend entwickelte, fand man übrigens in den 1990ern heraus, als man wenige Meter nördlich bei Waisenberg ein prächtiges königliches Hügelgrab aushob. Landesarchäologe Gleirscher, der die Funde von Waisenberg mit anderen herrschaftlichen Ruhestätten verglich, geht davon aus, dass die Siedlung in der jüngeren Hallstattkultur eine führende Stellung im Unterkärntner Raum einnahm. Zum gleichen Ergebnis führt auch das nahegelegene Gräberfeld bei Führholz, in dem bewaffnete Männer neben Frauen mit kostbaren Grabbeigaben – alles Mitglieder einer höher gestellten Gesellschaftsschicht – bestattet wurden. Beim Lamprechtskogel handelte es sich also mit hoher Wahrscheinlichkeit um eine Herrschaftssiedlung, die wohl über 200 Jahre lang das regionale Machtzentrum war.

Paul Gleirscher bringt den Niedergang der Siedlung mit der einsetzenden keltischen Besiedlung des Kärntner Raumes in Zu-sammenhang. Das war um das Jahr 300 vor unserer Zeitrechnung. Möglicherweise kam es damals sogar zur Totalzerstörung der Anlage und in Folge zum Aufstieg der nicht weit entfernten Gracarca am Klopeiner See. Der Gracarca-Höhenzug wurde zwar etwa gleichzeitig mit dem Lamprechtskogel besiedelt, gewann jedoch erst viel später an Bedeutung. Also genau umgekehrt wie bei einer vergleichbaren Konstellation knapp zwei Jahrtausende später, wo Klagenfurt erst in Schutt und Asche liegen musste, um St. Veit als Landeshauptstadt von Kärnten zu beerben. Doch darauf kommen wir später zu sprechen.

Noch ein Wort zum Lamprechtskogel: Alles, was man heute über die Menschen dort weiß, erfuhr man aus den Gräbern rundherum. Ein Segen für Gleirschers Ausgrabungsteam war, dass man in der Zeit höchsten Wert auf einen stilvollen Abgang zu legen schien, denn mit den Toten wurden teils unvorstellbare Reichtümer bestattet. Das hatte natürlich religiöse Gründe: Für die Menschen stellte der Tod kein Ende des Lebens, sondern nur den Übergang in eine andere Welt dar. Mit der vielseitigen Ausrüstung versuchte man sicherzustellen, dass der Dahingeschiedene für den Übertritt bestens gewappnet und seine gesellschaftliche Vorrangstellung auch nach dem Wechsel in die andere Welt jedem klar war. Durch die Beigabe

Aus Paul Gleirschers Fundinventar – Geschirr vom Waisenberg

von Waffen einerseits sowie Geschirr, Trinkbechern, Bratspießen und Nahrungsmitteln für ein mögliches Gelage andererseits war auf jeden Fall das Richtige dabei – egal, welchen Verlauf die Sache drüben nehmen mochte.

Auch die bauliche Umsetzung der Ruhestätte ist äußerst beeindruckend: Um einen Grabhügel wie jenen in Waisenberg aufzustellen, vergehen je nach Personalaufwand und Wetterlage ein bis zwei Jahre. Immerhin wies die Aufschüttung von Waisenberg einen Durchmesser von beachtlichen 40 Metern sowie eine Höhe von rund 10 Metern auf! In seinem Inneren, also unter fünfeinhalbtausend Kubikmetern Erdmaterial begraben, wurde eine säuberlich gezimmerte Grabkammer in der Größe einer Studentenwohnung angelegt. Darin fand man – auf gepflastertem Boden – die Ruhestätten eines Mannes und einer Frau. Ihm, dem Fürsten, wurden Jagd- und Kriegswaffen zur Seite gelegt. Bei der Frau fand man neben zahlreichen Ringen, Gewandnadeln und anderen Schmuckgegenständen die Überreste von über tausend Perlen. Überreste deshalb, weil die beiden nach damaligen Gepflogenheiten zuerst auf dem Scheiterhaufen verbrannt wurden und den Weg in die Grabstätte in einer Urne antraten. In der Kammer fand man neben kostbarem Essgeschirr noch mehr Hinweise auf einen mediterran beeinflussten Lebensstil. Ein weiteres Zeugnis für die damals günstige Verkehrslage von Mittertrixen!

Das Prunkgrab von Waisenberg wurde nach der Bestattungszeremonie geschlossen und begrünt. Für alle Zeiten sollte nichts und niemand die Ruhe der Toten stören. Das ging zwar eine Zeit lang gut, doch spätestens in der Antike statteten erste Grabräuber dem Hügelinneren einen Besuch ab. Dies weiß man heute, weil sie dabei eine Münze verloren, die erst sieben Jahrhunderte nach der Bestattung geprägt wurde. Abgesehen von den späteren Raubgrabungen wirft die hermetische Verriegelung der Grabkammer eine Frage auf, die zu bemerkenswerten, aber nicht minder makabren Details führt: Da man mit Sicherheit sagen kann, dass der Zugang zur Grabkammer nach der Zeremonie verschüttet wurde, muss das Begräbnis der zwei Toten gleichzeitig stattgefunden haben. Was bedeutet, dass die beiden auch etwa gleichzeitig dahingeschieden sind. Ein tragisches Detail – bedeutet es doch, dass in diesem Fall die Frau (und in anderen Fällen der Rest der Familie, Diener, Zofen ...) den Fürsten in den Tod begleiten „durfte". In Analogie zu den anderen Grabbeigaben folgten sie dem Hausherren ins Jenseits, um ihm dort ebenso zur Seite stehen zu können. Man spricht in diesem Fall von *Witwentotenfolge* – einem damals nicht unüblichen Brauch, der auch in Frög nachgewiesen wurde.

Frög, das ist der bekannteste vorgeschichtliche Siedlungsplatz auf Kärntner Raum, der aufgrund seiner großen Bedeutung gerne als „Erste Landeshauptstadt Kärntens" bezeichnet wird. Über 130 Jahre ist es nun her, dass Fritz Seidl beim Umgraben seines Erdäpfelackers mit den Hinterlassenschaften der hallstattzeitlichen Reiterkrieger einen der bedeutendsten archäologischen Funde des Landes ans Tageslicht holte. Wie wir schon bei den Pfahlbauten im Klopeiner See sehen konnten, dauerte es auch hier nicht lange, und die *Kaiserlich Königliche Central-Commission für die Erforschung und Erhaltung der Baudenkmale* war zur Stelle: Fast sechshundert Einzelgräber aus der Zeit von 850 bis 650 vor unserer Zeitrechnung fand man am Südufer der Rosegger Drauschleife. Zum Missfallen der Denkmalschützer traf man an den Grabungsparzellen immer wieder einzelne Sommerfrischler und Badeurlauber, die sich zwischen den honorigen Herren *Commissionären* als Hobby-Archäologen versuchten. Schlimmer jedoch erwies sich der Umstand, dass auch Frög bereits lange zuvor von Grabräubern heimgesucht wurde, die etliche der Hügel plünderten. Und das nicht nur ein Mal. Trotzdem kam in den einzelnen Grabungskampagnen ein wertvoller Fundbestand zutage, der sich im Kärntner Landesmuseum, im Naturhistorischen Museum Wien oder direkt vor Ort in der Keltenwelt Frög bestaunen lässt. Dort wurde mit Unterstützung des Landesmuseums sogar einer der Prunkhügel in ursprünglicher Größe rekonstruiert und das Innenleben mithilfe eines Querschnittes sichtbar gemacht.

Wie kann man sich diese erste Hauptstadt des Landes nun vorstellen? Wie in allen anderen damaligen Wohngegenden Kärntens zu beobachten, bestand auch Frög aus drei Komponenten: einer Höhensiedlung, den Prunkgrabhügeln für die Herrscherelite und einem Gräberfeld für die gehobene Mittelschicht. Wo und wie die Normalbevölkerung bestattet wurde, weiß man noch nicht so recht. Frög bildete im Villacher Becken ein vergleichbares Machtzentrum wie der Lamprechtskogel im Unterkärntner Raum. Den Funden nach zu schließen waren die Handelsbeziehungen der Fröger Herren nicht weniger weitläufig als jene der Trixner: Teures Pferdegeschirr aus Ungarn, kunstvoll verziertes Geschirr aus Italien oder Tongefäße aus Süddeutschland legen Zeugnis ab für einen regen Tauschhandel in alle Richtungen.

Sämtliche Spuren der Fröger Siedlung sowie die Hoffnungen nachfolgender Archäologen, Grabräuber und ambitionierter Urlaubsgäste wurden spätestens im 13. Jahrhundert begraben, als die Herren von Ras, ein einflussreiches mittelalterliches Adelsgeschlecht, am Rosegger Berg (dem Rasek) eine mächtige Burg errichteten und nebenbei dem Rastal (heute Rosental) zu seinem Namen verhalfen. Das eisenzeitliche Ortsbild kann also nur vermutet werden. Die Häuser könnten so ausgesehen haben wie jenes etwa gleich alte, 15 Meter lange und 4 Meter breite Lehmhaus, das man am Klopeiner See rekonstruieren konnte. Stabile Holzpfähle wurden damals auf Steinplatten gestellt, sodass ihnen die Bodenfeuchtigkeit nicht zusetzen konnte. Die Wände wurden aus Weiden geflochten und anschließend mit Tonerde beworfen. Nach Trocknung der Wände entstand ein Gebäude mit stabilem Raumklima. Das ist eine Bautechnik, die selbst unsere unmittelbaren Vorfahren vor nicht allzu langer Zeit noch anwendeten, wie man in der Steiermark sehen kann: Im bäuerlichen Freilichtmuseum von Vorau gibt es ein Lehmhaus zu besichtigen, wie es bis vor wenige Jahrzehnte zur Lagerung von empfindlichen Lebensmitteln genutzt wurde.

Apropos Lebensmittel: Unser spärliches Wissen über die kulinarischen Gewohnheiten der Menschen zur damaligen Zeit verdanken wir unter anderem einer bedrängten Seele, die im Salzbergwerk zu Hallstatt vor rund zweieinhalbtausend Jahren ein sehr privates Geschäft verrichtete. Viel wird es nicht gewesen sein, was nach all der Zeit davon übrig war – umso erstaunlicher ist es, dass es Wissenschaftern mithilfe dieses Häufchens gelang, den Essgewohnheiten des Hallstattmenschen näherzukommen.

Eine Analyse des organischen Materials, so die Überlegung, müsste Rückschlüsse erlauben, was bei den Menschen damals auf dem Speiseplan stand. Das Ergebnis warf eine Liste an Zutaten aus wie man sie noch heutzutage in ähnlicher Form im Ritschert, dem bekanntesten Kärntner Eintopfgericht, findet. Diese Mischung aus Bohnen, Gerste und zerkochtem Fleisch ist übrigens die kulinarische Version einer Kärntner Zeitreise: Sie ist immer wieder dort zu finden, wo Menschen einer schweren körperlichen Belastung ausgesetzt waren. Auch in Zeiten der römischen Besiedlung Kärntens wusste man den Ritschert bereits zu schätzen. Wer sich davon überzeugen möchte, findet im Archäologischen Museum auf dem Magdalensberg sogar ein Rezept aus jenen Tagen. Und auch in der jüngeren Vergangenheit, beispielsweise in den Aufzeichnungen der Soldaten an der Isonzofront, finden sich Hinweise darauf, dass der Ritschert in den Gebirgs-

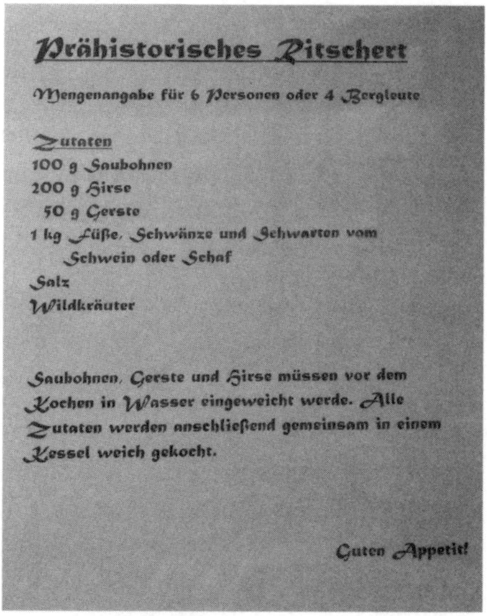
Prähistorisches Ritschert

Mengenangabe für 6 Personen oder 4 Bergleute

Zutaten
100 g Saubohnen
200 g Hirse
50 g Gerste
1 kg Füße, Schwänze und Schwarten vom Schwein oder Schaf
Salz
Wildkräuter

Saubohnen, Gerste und Hirse müssen vor dem Kochen in Wasser eingeweicht werde. Alle Zutaten werden anschließend gemeinsam in einem Kessel weich gekocht.

Guten Appetit!

Kochen wie damals – Ritschert à la Hallstatt.

stellungen zum Einsatz kam. Liegen doch die Vorteile dieses „Jahrtausendgerichts“ auf der Hand: Die Zutaten lassen sich lange lagern, enthalten wenig Wasser, was den Transport erleichtert, und ergeben ein äußerst sättigendes Gericht. Welche Gewürze damals im Hallstätter Bergstollen zum Einsatz kamen, lässt sich nicht mehr bestimmen. Es spricht aber vieles dafür, dass das Gericht ausreichend gesalzen war.

SPURENSUCHE

Stichwort Alpen-Urwald: Kärntens nächstgelegener Urwald befindet sich im südlichen Rauristal bei Kolm-Saigurn, unweit der Landesgrenze zu Salzburg. Er ist Teil des Nationalparks Hohe Tauern. *www.hohetauern.at*

Die Gurina ist eine bedeutende eisen- und römerzeitliche Siedlung bei Dellach im Gailtal. *gurina.dellach.at*

Die Keltenwelt Frög ist ein aus einem Rundweg durch die Ausgrabungsstätten gewachsenes Freiluftmuseum. Ein Teil der Funde ist in den Schauräumen des Besucherzentrums zugänglich. *www.keltenwelt.at*

Die am Südufer des Klopeiner Sees gelegene denkmalgeschützte Höhensiedlung Gracarca ist durch einen Themenrundweg erschlossen. Führungen auf Anfrage.
http://www.klopeinersee.at

Der Lamprechtskogel ist über einen steilen Forstweg vom Süden her begehbar. Im Südwesten des Kogels ist inmitten einer großen Ackerfläche eine Wölbung erkennbar, an deren Stelle sich das Fürstengrab von Waisenberg befand.

Das Archäologische Museum Magdalensberg ist eine Außenstelle des Kärntner Landesmuseums. *http://www.landesmuseum.ktn.gv.at*

Die Römer in Kärnten

Oder: Wie die Noriker lernten, Fischsauce zu lieben

300 v. u. Z. – 500 n. u. Z.

Im Jahre 59 v. u. Z. erblickte in der norditalienischen Stadt Padua ein bemerkenswerter Mann das Licht der Welt. Sein Name: Titus Livius. Er wird als erster hauptberuflicher Historiker in die Geschichtsbücher eingehen. Denn während andere zeitgenössische Berichterstatter wie beispielsweise Julius Cäsar einen Gutteil ihrer Zeit für zeitraubende Projekte (Gallien, Kleopatra …) aufwendeten, konnte sich „Liv", wie er heute von seinen Historikerkollegen in Zitaten meist genannt wird, rund um die Uhr seinem selbst gesteckten Lebensziel widmen. Der ehrgeizige Mann hatte es sich nämlich zur Aufgabe gemacht, einen vollständigen Überblick über die bisherige Geschichte Roms zusammenzutragen. Da gab es selbst aus seiner Sicht bereits einiges zu tun. Immerhin hatte das Städtchen am Tiber schon 700 Jahre auf dem Buckel.

Rom hätte für diese Aufgabe keinen Besseren finden können. Und wohl keinen Schnelleren: Als Titus Livius seinen Schreibstift im Jahre 17 ein letztes Mal zur Seite legte, war sein Werk auf unglaubliche 142 Bände angewachsen. Berücksichtigt man, dass der gute Mann bereits 30 Jahre alt war, als er mit seinen geschichtlichen Publikationen begann, brachte er es auf zumindest drei Bücher pro Jahr. Daneben erteilte er dem späteren römischen Kaiser Claudius Geschichtsunterricht (der es, solchermaßen infiziert, neben seinem politischen Brotberuf immerhin auf stattliche 69 Bücher brachte).

Den umfangreichen Aufzeichnungen des Livius verdanken wir heute fast unser ganzes Wissen über die ersten Kontakte der Bewohner Kärntens mit den Römern. Sicher, es könnte natürlich Begegnungen gegeben haben, die sich nicht bis zu Livius durchgesprochen haben. Korrekterweise handelt es sich also um die ersten *dokumentierten* Kontakte zwischen Rom und den *Galli Transalpini*, wie Livius jene Menschen nannte, die sich in der Bergwelt der Ostalpen heimisch fühlten. Eine Gegend, die Rom bisher nach Möglichkeit gemieden hatte. Erst als einem Nordafrikaner einfiel, ihnen von dort aus mit einer Horde Elefanten zu Leibe zu rücken, bezog Rom auch den Alpenraum in seine strategischen Überlegungen mit ein.

Doch zu jenem Zeitpunkt, als die keltische Geschichte Kärntens ihre Spuren zu hinterlassen begann, lagen die Punischen Kriege und damit Hannibals Alpencross bereits ein halbes Jahrhundert zurück. Wir schreiben nun das Jahr 170 v. u. Z., und auf dem Boden des heutigen Kärnten lebte inzwischen ein mehr oder minder loser Verbund verschiedener keltischer Splittergruppen. Diese friedliche Koexistenz der einzelnen Stämme dauerte schon über ein Jahrhundert an, und so beschloss man, sich zusammenzutun und das vereinte Königreich Noricum auszurufen. Vereinfacht gesagt hat das Herrschaftsgebiet zu seinen besten Zeiten aus den heutigen Bundesländern Burgenland, Kärnten, Salzburg, Steiermark, Teilen Tirols sowie Nieder- und Oberösterreichs bestanden (ohne die Gebiete nördlich der Donau – dort hatten die Germanen das Sagen).

Der Ältestenrat, der bislang die Geschicke der Keltenstämme lenkte, wurde kurzerhand abgesetzt und ein gemeinsamer König bestimmt, der sich nun allein um die Amtsgeschäfte zu kümmern hatte. Und so kam es, dass dem neuen Herrscher – sein Name lautete Cincibilus – der erste diplomatische Kontakt mit den Römern zufiel. Aufgrund diverser Scharmützel entlang der südlichen Alpengrenze war Rom gerade daran gelegen, das nachbarschaftliche Zusammenleben im Norden des Reiches in geregelte Bahnen zu lenken. Mehrere Kilogramm Gold und Silber sollten dabei helfen, bei den Verhandlungen mit den Kelten das Eis zu brechen. Der Plan ging auf und ein frisch unterzeichneter Freundschaftsvertrag zwischen den beiden Völkern beendete eine knapp zwei Jahrzehnte dauernde Unsicherheit in grenznahen Wohnrechtsfragen.

Das Bündnis der beiden Völker markierte den Startpunkt einer mehrere Jahrhunderte andauernden Zeit des Friedens auf nori-

In Spittal wird der Schlacht bei Noreia 113 v.u.Z. gedacht.

schem Boden. Zwar kriselte es zeitweise innerhalb der römischen Gesellschaft, sodass Bürgerkriege nicht ausblieben, doch das konnte den Norikern egal sein. Allerdings soll hier eine Schlacht nicht unerwähnt bleiben, die 113 v. u. Z. vermutlich auf norischem Boden stattfand: Römische Soldaten zogen in der Hoffnung, reiche Beute zu machen, einem teutonisch-kimmerischen Stammeszug entgegen. In völliger Fehleinschätzung der Kräfteverhältnisse endete das Aufeinandertreffen in einem katastrophalen Debakel für die Römer. Die siegreichen Germanen zogen Richtung Westen weiter, wie sie es ursprünglich ohnehin beabsichtigt hatten. Rom hatte fürs Erste genug vom Alpenraum, zumal das Reich sich im nächsten halben Jahrhundert mit den bereits erwähnten Bürgerkriegen bestens zu beschäftigen wusste.

Im heutigen Kärnten hingegen waren die Jahrzehnte vor der Zeitenwende geprägt von einer friedlichen Koexistenz mit den römischen Nachbarn. Enge Handelsbeziehungen mit dem Süden führten zu einem schrittweisen Näherkommen der beiden Kulturen. Noricum war inzwischen offizieller Bundesgenosse des Römischen Reiches, und römische Händler gründeten Niederlassungen im gesamten Königreich. Umgekehrt ließen sich norische Händler in Aquileia – der damals nächstgelegenen Stadt mit Anschluss ans Mittelmeer – nieder. Es gab auch einiges, was man den Römern verkaufen konnte: Das keltische Angebot reichte vom norischen Kapuzenmantel aus Wolle über Bienenhonig (der wichtigste Süßstoff und ein begehrtes Konservierungsmittel in der Antike) bis zu Baumharz, welches an der Adria im Schiffsbau Verwendung fand.

Ein Produkt stellte jedoch alle anderen Handelswaren in den Schatten. Wohl schon vor dem erhöhten Waffenbedarf im Zuge der Gallischen Kriege wird sich in Rom herumgesprochen haben, dass es gleich hinter der Grenze des Reiches Metallerzeugnisse in höchster Qualität zu kaufen gibt. Waffen aus Norischem Eisen galten als besonders robust. Doch auch abseits des Schlachtfeldes fanden die Erzeugnisse der Kelten begeisterte Abnehmer. Der Begriff des *Ferrum Noricum* bürgte für Qualität und bedurfte damals keiner näheren Erklärung. Zeitgenössische Schriftsteller setzten seine guten Eigenschaften als bekannt voraus, wenn sie wie selbstverständlich den Einsatz von „norischen Schwertern" vermeldeten oder „norisches Eisen" als Synonym für allerhärteste Ware verwendeten.

Das wichtigste Abbaugebiet dafür lag im heutigen Mittelkärntner Raum, allen voran im Görtschitztal. Wie oben erwähnt, waren die Erzlagerstätten rund um Hüttenberg schon in vorgeschichtlicher Zeit bekannt. Neuere Grabungsfunde belegen eine umfangreichere norische Eisenverarbeitung auch an anderen Orten, beispielsweise in Feldkirchen in Kärnten, wo man unter einer ehemaligen Schnapsbrennerei jede Menge Eisenschlacken, gemischt mit Bruchstücken römischer Tongefäße, aushob. Wo sich die dazugehörigen Abbaustätten befanden, ließ sich aus den Funden allerdings nicht ableiten.

Den Kelten ging es jedenfalls wirtschaftlich nicht schlecht. Spätestens jetzt zeigte sich, dass der politische Zusammenschluss der vormals selbstständigen Keltenvölker eine gute Idee war: durch die Bündelung der Kräfte erreichten die Noriker die politische Vormachtstellung im gesamten südostalpinen Raum. Mit den Germanen im Norden pflegte man eine Politik der Nichteinmischung. In anderen Worten, man ließ einander einfach in Ruhe. Und gab es doch einmal Streitereien in Grenznähe, dann erwiesen sich die Noriker als ihrer Zeit voraus, indem sie den Konflikt mit einer Hochzeit lösten. Denn Julius Cäsar notierte in seinem gallischen Kriegstagebuch, dass König Voccio seine Schwester dem einflussreichen Suebenfürst Ariovist zur Frau gab, als germanische Grenzübertritte überhand zu nehmen drohten.

Staatspolitisch lief es also ebenfalls recht gut für das Regnum Noricum. Eine Entwicklung, die den Römern nicht entging: War das Königreich im Norden über Jahrhunderte ein willkommener Puffer zwischen Römern und Germanen, so wuchs nun direkt an der Reichsgrenze eine nicht zu unterschätzende politische Macht heran. Diese potenzielle Gefahr – und wohl auch das lebhafte Interesse Roms an den Ressourcen der Nachbarn – führten dazu, die Grenzziehung im Norden des Reiches neu zu definieren. Idealerweise ließ sich an anderer Stelle genau zu dieser Zeit eines der größten außenpolitischen Probleme Roms regeln. Ein Friedensvertrag mit den Parthern im Osten des Reiches beendete jahrzehntelange, kräfteraubende militärische Auseinandersetzungen. Man hatte den Kopf somit frei für neue Dinge – und da fiel der Blick auf die Bergwelt der Alpen. Inzwischen war in Rom Octavian an der Macht, der Adoptivsohn Cäsars. Er wird als erster Kaiser des Reiches eine neue Epoche der römischen Geschichte einleiten. Augustus, so sein späterer, bekannterer Name als Kaiser, waren die germanischen Unruhestifter nördlich der Donau ohnehin ein Dorn im Auge. Also machte er sich daran, die außenpolitischen Beziehungen zu den Nachbarn im Norden neu zu ordnen. Was das für die künftige römische Provinz Noricum hieß, findet sich heutzutage in den Geschichtsbüchern meist unter dem Titel „friedliche Besatzung“ wieder. Augustus schickte im Jahr 15 v. u. Z. ein Soldatenkontingent nach Norden und leitete damit die unblutige Übernahme der Regierungsgeschäfte ein. Friedlich war daran wohl weniger das Vorgehen Roms, als vielmehr die Tatsache, dass die norischen Völker keinen bewaffneten Widerstand leisteten (bzw. leisten konnten).

Für rund sechs Jahrzehnte blieb für das Volk alles beim Alten. Rom hatte zwar vor Ort einen Statthalter installiert, der die Interessen des Reiches vertrat und damit den König als ersten Mann im Lande ablöste. Den befreundeten Kelten ließ man aber ansonsten ihre Sitten und Gebräuche und versuchte auch nicht, ihnen irgendwelche römischen Gepflogenheiten aufzuzwingen. So konnten sie sowohl in religiösen als auch in kulturellen Belangen ihren Vorstellungen treu bleiben. Ein Relief aus Möllbrücke zeigt Frauen, die sogar im 2. Jahrhundert noch immer ihre keltische Tracht tragen. Auch der vermehrte Zuzug von Einwanderern aus dem Römischen Reich dürfte sich im täglichen Leben nicht allzu bemerkbar gemacht haben. Einerseits stammten viele Neuankömmlinge aus den naheliegenden Regionen südlich der Alpen und waren daher ohnehin keltischen Ursprungs. Andererseits kam der römische Lebensstil, wie bereits dargelegt, nicht erst in den letzten Jahren des ausgehenden Jahrtausends hierher, sondern mit der Intensivierung der Handelsbeziehungen, die schon wesentlich früher erfolgte.

Und in verwaltungstechnischen Angelegenheiten ließ man sich ebenfalls Zeit: Der Magdalensberg blieb das wirtschaftliche und politische Zentrum, und es sollte bis zur völligen Eingliederung Norikums dauern, bis die Stadt vom Berg ins Tal verlegt wurde. Die Bürokraten und Händler hatten ja jetzt die römischen Soldaten, die für Sicherheit sorgen sollten. Die Truppen übernahmen im ganzen Land die bisherige Schutzfunktion der ummauerten Höhensiedlungen. Es bestand also kein Grund mehr, sich auf dem Berg zu verschanzen. Überall im Land entstanden in den Tälern kleine Niederlassungen, die im Laufe der Zeit zu Dörfern oder sogar Städten heranwuchsen.

Die Gründung der neuen römischen Provinzhauptstadt Virunum dürfte zwischen 45 und 50 über die Bühne gegangen sein. Das weiß man übrigens durch Ausgrabungen, die belegen, dass zu dieser Zeit alle Bautätigkeiten auf dem Magdalensberg eingestellt wurden. Einmal mehr offenbart sich hier auf faszinierende Weise, wozu die Archäologie heutzutage in der Lage ist. Man muss sich vorstellen: Ein Grabungsteam legt nach 2 000 Jahren unter Zuhilfenahme von Pinsel und Zahnbürste einen Mauerrest frei, und schon sehen die Forscher vor ihrem fachkundigen Auge die Umzugshelfer der Antike, die die Möbel der Verwaltungsbeamten ins neue Amtsgebäude auf dem Zollfeld tragen. Und das mit einer zeitlichen Präzision von plus/minus zwei Jahren! Und sollte sich während der Bauarbeiten eine Münze, eine Tonscherbe oder, noch besser, ein Tierknochen in das Gemäuer verirrt haben, dann bewegen sich die Zeitschätzungen der Altertumsforscher quasi schon im Minutenbereich.

Nordöstlich von Klagenfurt wuchs also inmitten von Getreidefeldern eine Stadt heran, die in ihren sorgsam geplanten, schachbrettartigen Straßen wohl an die 15 000 Einwohner beherbergte. Ein ehemaliger Maisacker in der Größe von etwa einem Quadratkilometer wich hier in kürzester Zeit einem Handels- und Verwaltungszentrum römischer Bauart. Natürlich durfte keines der Merkmale des großen Vorbildes Rom fehlen. Das Zentrum der Stadt war wie an der Stadt am Tiber das Forum, hier wurde gehandelt, getratscht, verlautbart, flaniert, gefaulenzt. Und wie es sich für eine römische Stadt gehörte, stand gleich daneben das Kapitol: Wurde jemand, wie es eben manchmal vorkommt, von dem plötzlichen Bedürfnis übermannt, den römischen Göttern zu huldigen, hatte er es vom Hauptplatz aus nicht weit zum Tempel. Etwas erhöht, am Rand der Stadt, befand sich das Soldatenlager und nicht weit davon das Amphitheater. Hier fanden Gladiatorenkämpfe, Wagenrennen oder Tierhatzen statt – ebenfalls nach traditionell römischem Muster. Wobei im norischen Kolosseum auch einheimische Tiere wie Bären zum Einsatz kamen. Unweit davon entfernt stand die einzige Schauspielbühne der gesamten Provinz, womit die besondere Stellung der Stadt ein weiteres Mal hervorgehoben wurde. Wer also zwischen Donau und den Südalpen ins Theater wollte, musste sich nach Virunum bemühen. Alle Geschäfte wurden am Südhang des Magdalensberg

Planquadrat – Rekonstruktion der Großstadt Virunum

getätigt, wo sich rund um einen großen Tempel die Händler niederließen. Zu guter Letzt durfte natürlich eine Therme nicht fehlen.

Soviel ist also klar, Virunum war das unbestrittene Zentrum der Region. Daneben wuchs die Peripherie: Anhand zahlreicher Grabungsfunde rund ums Zollfeld lässt sich für die Osthälfte Kärntens eine rege Besiedelung nachvollziehen. Doch auch im Westen des Landes begann man, sich auszubreiten. Im Zuge der Provinzwerdung Noricums organisierte Rom nämlich die Verwaltung des Landes neu. Für das heutige Kärnten bedeutete das eine Zweiteilung: die Angelegenheiten der Osthälfte wurden von Virunum aus geregelt, im Westen übernahm Teurnia die Rolle des Verwaltungszentrums. Die Stadt auf dem Holzer Berg bei Spittal wird einmal, unter anderen Voraussetzungen, sogar die Stellung Virunums übernehmen – doch dazu später.

Nicht nur in der Städteplanung, auch im Straßenbau waren die Römer ausgewiesene Experten. In atemberaubender Geschwindigkeit legten sie ein modernes Wegenetz über die neu gegründete Republik, welches sowohl die neuen Zentren der Macht untereinander als auch den Norden und den Süden des Reiches miteinander verband. Das hatte militärstrategische Gründe, denn gute Wege erlaubten rasche Truppenverschiebungen. Und der Handel profitierte ebenfalls von den neuen Möglichkeiten. Warenlieferungen über hohe Gebirgspässe, die vorher nur zu Fuß oder bestenfalls mit Lasttieren möglich waren, können dank der Ingenieurskunst der Römer nun oft mit dem Wagen durchgeführt werden. So gelang es den Römern beispielsweise, den alten Säumerweg über den Korntauern – einer wichtigen Nord-Süd-Verbindung an der heutigen Grenze zwischen Kärnten und Salzburg – zu einer knapp vier Meter breiten Straße auszubauen, deren höchster Punkt auf 2450 Metern Seehöhe lag. Dabei achteten die Konstrukteure auf einen möglichst geraden Straßenverlauf. Die Straßen wurden also nicht ans Gelände angeschmiegt, sondern auf der Basis von Vermessungen mit möglichst langen, kerzengeraden Teilstücken ausgestattet, um insbesondere die Talfahrt sicherer zu machen. Am Ende jeder Straßenlinie befand sich eine Spitzkehre mit genügend Platz für Wendemanöver. Dank dieser technischen Meisterleistung konnte man bei relativ geringer Steigung sogar hochalpines Gelände befahren.

Manche der Fernstraßen, die unter römischer Bauherrschaft entstanden, gibt es heute noch. Eines der schönsten und am besten erhaltenen Teilstücke kann man sich bei Santicum, dem heutigen Villach, ansehen. Hier sind noch deutlich die Wagenspuren zu erkennen, die sich wie Schienen im steinernen Fundament abzeichnen. Solche Spuren gibt es in allen Ecken des Landes, auch in der nordwestlichen: Als Franz Wallack im Jahre 1933 beim Bau der Großglockner-Hochalpenstraße im Bereich des Hochtors auf römische Straßenfundamente stieß, freute er sich ungemein, dass seine Trassenführung so exakt mit der Route übereinstimmte, die die begabten Römer bereits zwei Jahrtausende vor ihm für eine gute Wahl hielten.

Straßen waren also eine weitere Neuerung, die mit den Römern nach Kärnten kam. Und nicht nur hierhin: Im folgenden Jahrhundert wurde das Reich mit unglaublichen 100 000 befahrbaren Kilometern überspannt, die, wie man sagt, alle nach Rom führten. Das erhöhte das Tempo in jeder Hinsicht. Wollte etwa ein römischer Soldat seinen Liebsten daheim ein Päckchen schicken, so benötigte die Postsendung von Kärnten nach Rom etwa zehn Tage. Es ehrt die Kutscher jener Tage, dass uns Laufzeiten wie diese auch heute nicht gänzlich fremd sind.

Wie sah das Fernstraßennetz auf Kärntner Boden also damals aus? Nun, die Verwaltungszentren Südnoricums waren durch eine West-Ost-Strecke miteinander verbunden, die von Aguntum (an der Grenze zu Osttirol) die Drau entlang nach Teurnia (Spittal) führte, von dort flussabwärts nach Santicum (Villach) verlief und weiter über Wernberg und das Nordufer des Wörthersees das Zollfeld erreichte. Um hingegen von den Städten nach Norden zu gelangen, hatte man in Teurnia die Wahl zwischen dem Weg über den Korntauern (siehe oben), oder man nahm die Route über den Katschberg. Ziel der Reise über die Alpen war in beiden Fällen Iuvarvum, das heutige Salzburg. Wer allerdings im Osten, also beispielsweise von der Hauptstadt Virunum, nach Norden wollte, überquerte die heutige Landesgrenze Kärntens damals schon auf dem Neumarkter Sattel. Dort hatte man die Wahl, linker Hand über das Murtal auf die Route nach Iuvarum aufzuspringen oder geradeaus über den Triebener Tauern auf Ovilava (Wels) zuzusteuern. Der Weg in den Süden führte entweder an der Straßenstation Loncium (Mauthen) vorbei auf den Plöckenpass oder entlang der heute immer noch bestehenden „schrägen" Alpentransitachse Wien–Venedig, also anfangs über Meclaria (Maglern) ins Kanaltal.

Daneben gab es eine Vielzahl von Sträßchen und Wegen, die in die einzelnen Kärntner Täler führten. Voraussetzung dafür waren natürlich wirtschaftliche Gründe. In den Hohen Tauern entdeckte man einige solcher Stichstraßen, die zu hochalpinen Bergbaugebieten führten. Und es ist davon auszugehen, dass es abgesehen von den Bauernhöfen in den Kärntner Seitentälern schon regen Betrieb auf den heimischen Almen und Bergweiden gab. Man züchtete hierzulande übrigens Rinder und Pferde, die bei den Römern reges Interesse weckten. Die Tiere waren von eher kleinwüchsiger, dafür jedoch umso robusterer Statur. Einem Kärntner Reitpferd setzte man in Rom sogar ein Denkmal in Form einer Statue – auf dem Rücken des „Norikers" sitzt niemand Geringerer als Kaiser Marc Aurel. Auf den norischen Äckern wurden im Landesinneren verschiedene Getreidearten, Gemüse und Pflanzen, die der Ölgewinnung dienten, angebaut. Und norischer Käse war sogar am Kaiserhof bekannt und begehrt. Es gab also viele gute Gründe für ein weitverzweigtes Wegenetz.

Die Landwirtschaft dürfte in unseren Breiten nach italienischem Muster organisiert gewesen sein: der Grundbesitzer oder Pächter errichtete auf seinem Land einen Gutshof, von dem aus er – oder besser seine Untertanen – die Ländereien bewirtschaftete. Und diese Häuser waren von beeindruckender Größe. Die Fläche eines solchen Gehöfts nahe St. Andrä im Lavanttal betrug beispielsweise 10 000 Quadratmeter. Die Hauptgebäude waren nicht selten mit prächtigen Bodenmosaiken und weitläufigen Badeanlagen ausgestattet. „Nichts ist besser als die Landwirtschaft, nichts schöner, nichts angenehmer, nichts eines freien Mannes würdiger", schwärmte Cicero einst. Wobei er wohl weniger die tägliche Arbeit als vielmehr die Annehmlichkeiten des Grundbesitzers meinte.

Von den gutshofähnlichen Nobelvillen einmal abgesehen, weiß man heute wenig über die Lebensbedingungen der keltorömischen Bauern. Sicher gab es damals landauf, landab genügend Kleinsthöfe, die mit Müh und Not gerade einmal den Eigenbedarf deckten. Doch es liegt in der Natur der Sache, dass es dafür weit weniger aufschlussreiches Fundmaterial gibt als in vormaligen städtischen Ballungszentren, und so bleibt vieles in diesem Bereich Spekulation.

In den ersten 200 Jahren im römischen Reichsverbund durchlebten die Noriker friedliche Zeiten. Erst gegen Ende des 2. Jahrhunderts kam es im Norden der Provinz erneut zu Problemen. Nicht nur, dass heimkehrende Truppen eine Seuche einschleppten, der nebst Tausenden Opfern in der Zivilbevölkerung auch zahlreiche Soldaten zum Opfer fielen. Die am Ufer der Donau lauernden Markomannen nutzten die Schwäche der dezimierten römischen Truppen und ergriffen um 166 die erstbeste Gelegenheit, den Fluss zu überqueren. Sengend und brennend gelangten die Eindringlinge sogar bis nach Oberitalien, bevor es dem Heerführer und Kaiser Marc Aurel gelang, die Störenfriede über die Grenze zurückzudrängen. 14 Jahre dauerte das germanische Gastspiel.

Fast drei Jahrhunderte lang hatte es kein Barbar gewagt, römischen Boden zu betreten – und dann das! Rom erkannte, dass es so nicht weitergehen konnte. Die Wachturmkette entlang der Donau, der *Limes*, wurde massiv verstärkt, das Soldatenkontingent aufgestockt, und der Sitz des Statthalters, der die nun an der Grenze stationierten Truppen kommandierte, kurzerhand in den Norden verlegt. Den Germanen war das relativ egal: Sie hatten erkannt, dass es den Römern schwerer und schwerer fiel, einen lückenlosen Grenzschutz auf die Beine zu stellen. Immer wieder kam es auf norischem Boden zu Beutezügen, die mitunter bis tief ins Kernland des Reiches führten. Verständlich, dass die Scharmützel im Norden bald politische Konsequenzen hatten. Ein knappes Jahrhundert wurde das Reich nun von Soldatenkaisern regiert – von Regenten also, die nicht von der politischen Elite, sondern von Legionären auf den Schild gehoben wurden. Ihre Karrieren waren eng an ihre militärischen Erfolge gebunden: fast vierzig Kaiser verheizten die germanischen Unruhestifter in den Jahren 193 bis 285.

Mit Kaiser Diokletian kehrt Ende des 3. Jahrhunderts wieder etwas Ruhe ein. Er erkannte, dass das Reich für einen Mann allein zu groß geworden war und ernannte seinen Freund Maximian zum gleichberechtigten Mitkaiser. Diokletian wollte sich ausschließlich um die Amtsgeschäfte im Osten kümmern, im Westen hingegen hatte Maximian das Sagen. Darüber hinaus teilte er die Reichsprovinzen in kleinere Häppchen auf und vereinfachte so deren Verwaltung. Auch Noricum zerfiel dadurch in eine nördliche und eine südliche Hälfte. Virunum, das während der Markomannenkriege durch den Abzug des Statthalters an politischer Bedeutung verlor, war wieder Provinzhauptstadt, wenngleich für relativ kurze Zeit. Denn als zu Beginn des 5. Jahrhunderts erneut germanische Stämme brandschatzend durch das Land zogen, gab man die Hauptstadt endgültig auf und verlegte die Verwaltung nach Teurnia. Die Stadt auf dem Holzer Berg ließ sich wohl leichter verteidigen als das im weithin offenen Zollfeld gelegene Handelszentrum.

Der Plan des Kaisers Diokletian, mit der Aufteilung der Kaiserwürde stabile Verhältnisse an der Reichsspitze herbeizuführen, ging jedoch nicht auf. Der Beginn des 4. Jahrhunderts stand im Zeichen ständiger Machtkämpfe verschiedener Koalitionen, die im Jahre 311 darin gipfelte, dass sieben Machthaber gleichzeitig den Titel des Augustus für sich beanspruchten.

Während man sich im Reich also wieder einmal mit sich selbst beschäftigte, wuchs der Druck an der Nordgrenze Noricums beträchtlich. Inzwischen hatte am anderen Flussufer das Volk der Goten sein Lager aufgeschlagen. Da wären sie vielleicht gerne ein Weilchen geblieben, doch inzwischen waren die Hunnen von Osten kommend nachgerückt. Diesem asiatischen Reitervolk wird nachgesagt, der eigentliche Auslöser der nachfolgenden Völkerwanderung zu sein. Glaubt man dem Geschichtsschreiber Jordanes, reichte den meisten Zeitgenossen schon ihr furchterregender Anblick, um die Flucht zu ergreifen – kein Wunder also, dass die Goten auf eine nähere Bekanntschaft keinen Wert legten. Als Kaiser Valentinian I. um 370 einen letzten Versuch unternahm, die Donaugrenze abzusichern, sah er sich mit dem nachdrücklichen Wunsch der Goten konfrontiert, in den ruhigeren Gefilden südlich der Donau nach einer Bleibe Ausschau halten zu dürfen. Ein Wunsch, den der Kaiser ihnen selbst mit militärischen Mitteln nicht mehr abschlagen konnte. Kurzum, der Limes war unhaltbar, und die Reichsgrenze an der unteren Donau zerbrach.

Also traf man mit den neuen Untermietern ein Abkommen: Im Gegenzug für Grund und Boden verpflichteten sich die Neu-

ankömmlinge zu militärischen Aufgaben im Dienste Roms. Eine kuriose Personalpolitik: ebenjene Goten, die nebst anderen Germanenstämmen seit Jahrhunderten gegen die Tore Roms anrannten, waren plötzlich als Söldner des Kaisers für die Sicherung der Grenze verantwortlich.
Das konnte nicht lange gut gehen.

NAHAUFNAHME

Die Küche der alten Römer

Die Römer waren lukullischen Genüssen nicht abgeneigt. Und sie schrieben auch gerne darüber, deshalb wissen wir heute erstaunlich viel über die römische Küche. Archäologische Funde – insbesondere vom Magdalensberg – ergänzen das Bild. Denn dort speiste die Oberschicht nach mediterranem Vorbild. Es wurde nach südländischer Rezeptur gekocht, und wer es sich leisten konnte, ließ sich das passende Geschirr aus Oberitalien kommen. Feine italienische Keramikware – **Terra sigillata** genannt – gibt uns überall im Land ein bruchstückhaftes Bild vergangener Gelage. Da das Tafelgeschirr vom Hersteller signiert wurde, sind die Scherben bei Archäologen besonders gerne gesehen. Sie erlauben Rückschlüsse auf das damalige Handelsnetz und helfen oft dabei, eine Fundstätte zu datieren.

Lassen wir also einen typischen Tag auf dem Magdalensberg Revue passieren. Normalerweise stand man sommers wie winters mit dem ersten Tageslicht auf, und es wurde gefrühstückt. Danach machte man sich an die Arbeit – und hörte irgendwann gegen Ende des Tages wieder auf damit. Das Mittagessen teilte den Arbeitstag in zwei gleich große Hälften. Wenn es die Zeit erlaubte, gönnte man sich nach dem Mahl ein wenig Schlaf. Mit dem Abendessen klang der Tag aus, und man ging zu Bett. Da sich der römische Tag jedoch nach dem verfügbaren Tageslicht richtete, verschoben sich die Abläufe jeden Tag ein klein wenig. Denn jeder römische Tag hatte 12 Tages- und 12 Nachtstunden – und das gilt für jeden Tag des Jahres. Damit dauerte eine Sommerstunde fast doppelt so lang wie eine Stunde im Winter.

Gefrühstückt wurde gewöhnlich in der dritten und vierten Stunde des Tages, also zwischen 8 und 10 Uhr morgens. Im Vergleich zu den späteren Mahlzeiten gestaltete sich die erste des Tages relativ einfach: Brot und Käse waren fixer Bestandteil. Kaffee und Tee waren den Römern unbekannt, stattdessen gab es Wasser oder stark verdünnten Wein. Manchmal wurde „gebruncht" – dieses Gemisch aus Frühstück und Mittagessen hieß bezeichnenderweise **prandium**. Hierzu kamen Honig und Nüsse, Datteln, Oliven, Gemüse, Eier und fallweise auch Fisch oder Fleisch auf den Tisch. Es darf als bekannt vorausgesetzt werden, dass der Tisch selbst etwas niederer war als heute, und sich mehrere Liegen darum gruppierten. Dort hieß es im Anschluss an das Mahl **post prandium pausa** – nach dem Essen sollst du ruhen. Die **Meridiatio** (Mittagsruhe) durfte insbesondere im heißen Sommer schon eine bis zwei Stunden dauern. Der Mittagsschlaf war den römischen Soldaten so wichtig, dass sie selbst dann nicht darauf verzichteten, als der Feind gerade auf das eigene Verteidigungsbollwerk zustürmte. Das jedenfalls beklagte Julius Cäsar bei mehr als nur einer Gelegenheit.

Nach der Arbeit des Nachmittags ging es spätestens zur zehnten Stunde, also zwischen 16 und 18 Uhr, ans Abendessen. Hier war von einer bescheidenen Kost im Kreise der Familie bis zum lukullischen Schlemmermahl mit Freunden alles möglich. In der römischen Unterschicht, also dem arbeitenden Volk, wurde zum Abendessen oft ein Getreidebrei namens **puls** gereicht. Dieser ähnelt in seiner Zubereitung dem aus der Kärntner Bauernküche bekannten **Tålggn** (siehe Kapitel „Querfeldein durchs 19. Jahrhundert"). Ansonsten wissen wir über die Kost des gemeinen Volkes vergleichsweise wenig – überliefert sind vorwiegend die Essensgewohnheiten der wohlhabenden Kreise, bei denen das Abendessen eine beliebte Plattform für soziale Kontakte darstellte. Man lud ein und wurde eingeladen. Art und Umfang des Essens waren dann eine Prestigeangelegenheit. Meist bestand das Essen aus einer Vorspeise, dem Appetitmacher, bestehend aus Eiern, Fisch, Trauben, Kastanien oder Salat. Bei der Hauptspeise, die mitunter das einzige warme Essen des Tages darstellte, kam das bekannte Tierquartett auf den Teller, das wir schon aus der Steinzeit kennen: Ziege, Schwein, Rind oder Lamm bildeten den Schwerpunkt. Tauben galten als besondere Spezialität und kamen nicht so oft auf den Tisch. Selbstverständlich wurde auch das heimische Wild geschätzt. Nicht nur die üblichen Bekannten, sondern ebenso Bären, Steinböcke und sogar Elche. Oder es gab von allem ein bisschen: ein überliefertes Rezept empfiehlt, als Hauptgang **Sau-Euter mit Thunfischsauce** aufzutragen.

Viele Produkte aus dem Süden fanden ebenfalls ihren Weg in den Norden des Römischen Reiches. Zahlreiche Funde bezeugen den regen Import von Wein, Olivenöl, Datteln und Feigen. Großen Anklang fand im ganzen Römischen Reich, also auch bei den Norikern, eine in Spanien hergestellte Sauce namens **Garum**, wie die Wiener Archäologin Brigitte Cech in ihrem altrömischen Kochbuch zu berichten weiß. Bei der Herstellung werden in Stücke geschnittene Fische samt ihren Eingeweiden abwechselnd mit Meersalz und Kräutern in einen Behälter geschichtet. Das geschlossene Gefäß stellt man dann für mehrere Wochen in die Sonne, bis sich alles in eine übel riechende Brühe verwandelt hat. Durch Aufkochen und Filtern entsteht dann wie durch ein Wunder eine klare Flüssigkeit, deren Geruch zwar nach wie vor gewöhnungsbedürftig ist (wer probieren mag – die im Asialaden erhältliche vietnamesische Fischsauce **Nam Pla** dürfte in diese Richtung gehen), jedoch beim Kochen ihren Geruch verliert und ein feines Gewürzaroma hinterlässt. Garum war gewissermaßen der Suppenwürfel der Antike und hatte in der römischen Küche sogar einen höheren Stellenwert als Salz. Wer etwas auf sich hielt, ließ sich in regelmäßigen Abständen eine Amphore kommen. Denn mit einer Zutat wie dieser ließ sich auch in der Norischen Provinz die mediterrane Küche nach Hause holen.

SPURENSUCHE

Möllbrücke soll hier stellvertretend für die vielen Orte Kärntens erwähnt werden, in denen Spuren einer römischen Vergangenheit zu entdecken sind. Noch heute befindet sich dort ein gut erhaltener römischer Meilenstein. Denn der Ort liegt 7,5 Kilometer, also exakt eine römische Meile, von Teurnia entfernt. Der Stein befindet sich im Eigentum der Firma Wirth, ist aber für jedermann zugänglich. Der Gründer des Möllbrücker Sägewerks hat sich, nebenbei bemerkt, auch in anderem Zusammenhang in der Landesgeschichte verewigt: er schenkte dem Österreichischen Alpenverein 5 000 Hektar Grund auf dem Großglockner und legte damit den Grundstein für den heutigen Nationalpark.

Die Stadtgeschichte Villachs inklusive der römischen Vergangenheit wird in den Schauräumen des Stadtmuseums greifbar. *www.villach.at/museum*

Das Amthofmuseum Feldkirchen führt unter anderem durch die Mittelkärntner Antike. *www.museum-feldkirchen.at*

Die umfangreichste Sammlung römerzeitlicher Exponate befindet sich auf dem Magdalensberg und im ebenfalls vom Kärntner Landesmuseum betreuten Römermuseum Teurnia. Marmorbüsten, Münzen, Schmuck, Waffen und Werkzeuge erzählen von der lebhaften Geschichte der Stadt auf dem Holzer Berg. *www.landesmuseum.ktn.gv.at*

Dem Säumerweg am Hochtor ist direkt vor Ort eine Ausstellung gewidmet. Die Exponate decken die jahrtausendealte Geschichte des Alpenüberganges ab.
www.grossglockner.at/de/hochalpenstrasse/ausstellungen/ausstellung-hochtor/

Römerzeitliche Ausgrabungsstätte und Museum Aguntum bei Lienz/Osttirol: *www.aguntum.info*

Der Danielsberg bei Kolbnitz ist eine Zeitreise für sich. Franz Glaser, der uns im Buch noch öfter begegnen wird, fand bei Bauarbeiten unter dem Kirchenboden ein etwa 6 000 Jahre altes Steinwerkzeug. Schon über ein Jahrhundert zuvor fand man ein bronzezeitliches Randleistenbeil. Spuren keltischer und römischer Besiedelung belegen eine kontinuierliche Nutzung insbesondere als Kultstätte bis ins frühchristliche 4. Jahrhundert.

Ein Mann namens Samo

Leben in der Provincia Carantana

500 – 1000

Den Mutigen gehört die Welt, sagt man. Und der Kaufmann Samo war einer von ihnen, soviel steht fest. Es war zwar nicht der ganze Erdball, auf dem er vor rund 14 Jahrhunderten das Sagen hatte, doch der Landstrich, der vom tschechischen Sudetengebirge bis an die heutige Kärntner Südgrenze reichte, war groß genug, um für ein – oder sein – Leben zu reichen. Mehr wollte der Waffenhändler offenbar gar nicht: er hatte sich praktisch im Alleingang sein eigenes Königreich geschaffen. Nachdem der Franke um 658/659 das Zeitliche segnete, verschwand sein Reich wieder von der Bildfläche. Drei Jahrzehnte jedoch hatte er das Heft in der Hand gehabt, in seiner eigenen, gar nicht kleinen Welt. Jener, die auch das damalige Karantanien umfasste – also jenes Fürstentum, welches als erstes stabiles Staatsgebilde auf heutigem Kärntner Boden gilt. Wie man sich denken kann, stand Karantanien dem heutigen Namen des Bundeslandes Pate. Ob sich die Bezeichnung nun von „car" bzw. „kar", dem keltischen Wortstamm für „felsig, Felsen, Felsgestein" ableitet oder doch von „carant" (etwa: Freund), ist unklar.

Zurück zu Samo. Alles, was wir heute über den Mann wissen, stammt aus einem einzigen Buch dieser Zeit, der *Chronik Fredegars*. Im vierten Band der Handschrift aus dem 7. Jahrhundert ist ein *„homo nomen Samo, natione Francos"*, also ein Mann namens Samo aus Franken, erwähnt. Geschichtsforscher, denen einige wenige Zeilen in der ehrwürdigen Chronik für eine Rekonstruktion seines Lebenslaufs reichen mussten, vermuten seine Wurzeln in der Nähe von Paris. Denn viel mehr, als dass er sich mit Mitte zwanzig anschickte, dreißig Tagesritte von daheim ein Reich zu gründen, weiß man über seine frühen Jahre nicht.

Überhaupt ist das Frühmittelalter ein Abschnitt der Kärntner Landesgeschichte, über den die Historiker aufgrund der schlechten Quellenlage recht wenig zu erzählen haben. Da hatten sie es mit den Römern schon viel einfacher! Die setzten bei Dingen, die Bestand haben sollten, auf robustes Werksmaterial. Denn vor allem die für Inschriften, Bauten, Straßen etc. verwendeten Gesteine waren es, die dann auch die Jahrtausende überdauerten. Diese von der Wissenschaft als *Materielle Kultur* bezeichneten Überbleibsel berichten die erstaunlichsten Dinge über längst vergangene Zeiten. Wie im vorangegangenen Kapitel beschrieben, lassen sich deshalb römische Lebensgewohnheiten besonders gut rekonstruieren. Wie wohnten die Menschen? Was kam mittags auf den Tisch? Womit verdienten sie ihr Geld? Kein Problem – wissen wir heute alles.

Bei den Menschen des Frühmittelalters ist das nicht so einfach. Anders als ihre Vorgänger setzten sie bei Dingen des täglichen Lebens, und dazu gehörte leider auch das eigene Heim, auf leichtere Materialien. So kam beim frühmittelalterlichen Hausbau vorwiegend Holz zum Einsatz. Diese Bauten sind archäologisch nur unter besonders günstigen Umständen zu rekonstruieren – beispielsweise die weit älteren, jedoch auf dem Seegrund konservierten Pfahlbauten im Keutschacher See, auf die wir schon zu sprechen kamen. Unter Luftzufuhr blieben den Archäologen von frühmittelalterlichen Holzhäusern bestenfalls die Pfostenlöcher erhalten, die gewisse Rückschlüsse auf Form und Aussehen erlauben. Man darf sich dabei allerdings nichts Pompöses vorstellen: Zum gängigsten Haustyp in Europa zählten damals die sogenannten Grubenhütten. Als Fundament wurde eine viereckige Fläche von ungefähr 7 bis 20 Quadratmetern circa einen Meter tief ausgehoben. Durch die Vertiefung konnte die Speicherwärme des Bodens das ganze Jahr über genutzt werden. Über der Grube errichtete man ein Gebäude mit Schindeldach und kleinem Vorbau. Die kühlen Hütten dienten meist der Lagerung oder als Werkstätten. Gewohnt hat man in etwas größeren Holz- oder Lehmhäusern, in denen auch oft das Vieh untergebracht war. Eine offene Feuerstelle diente gleichzeitig als Herd und Wärmespender.

Was die Dörfer jener Zeit betrifft, kann man davon ausgehen, dass die Menschen weiterhin an jenen Orten siedelten, die schon von ihren Vorfahren für gut befunden wurden. Immerhin war das Land nach dem Niedergang Roms nicht plötzlich menschenleer, im Gegenteil. Gerade das Kärntner Becken war im 6. Jahrhundert besiedelt wie eh und je. Man orientierte sich weiterhin an den günstigen Verkehrswegen entlang der einstigen Römerstraßen. Warum auch nicht nutzen, was vom Weltreich übrigblieb? In den Ruinen der ehemaligen Römersiedlung Aguntum hat man beispielsweise einen Ohrring aus dem 10. Jahrhundert gefunden. Offenbar hatte man für die antiken Gemäuer noch Jahrhunderte später Verwendung. Pulsierende Städte darf man sich jedoch keine vorstellen, denn die verschwanden mit den Römern. Aus der Sicht von Samos Zeitgenossen werden sogar weitere 700 Jahre ins Land ziehen, bis es auf Kärntner Boden wieder richtige Städte gibt.

Wo immer es möglich war, wurden die Felder für den Ackerbau natürlich weiterhin auf sonnenseitigen Terrassen eingerichtet: nicht zu tief gelegen, um nicht überflutet zu werden, aber auch nicht zu hoch, damit die Felder möglichst lange bewirtschaftet werden konnten. Verständlicherweise bevorzugte man fruchtbare Gegenden, die gleich in unmittelbarer Umgebung so viel abwarfen, dass es für alle Menschen in der Region reichte. Man produzierte in erster Linie für den Eigenverbrauch oder tauschte seine Feldfrüchte gegen die Erzeugnisse anderer Bewohner in der Nachbarschaft. Da es weder Städte noch Märkte gab, fehlte auch die Plattform für einen überregionalen Handel.

Einmal mehr war es das Klagenfurter Becken, das den Leuten des Frühmittelalters am meisten zusagte: gute Infrastruktur, sonnige Lagen und kaum felsige, sumpfige oder sonst wie ungeeignete Anbauflächen. Andere Plätze im inneralpinen Raum wiesen ähnliche Vorzüge auf und waren deshalb nach dem Niedergang Roms ebenfalls ohne Unterbrechung besiedelt. Bald spannte sich ein Netz an Haufendörfern über das ganze Land. Man konnte sich also recht gut fortbewegen: In

Katharina Wincklers Buch über die Alpen im Frühmittelalter finden sich zahlreiche Reiseberichte, die aus jener Zeit zwar von Wildnis und extremen Wetterbedingungen erzählen, doch niemals von Versorgungsschwierigkeiten.

Das hätte Samo wohl auch bestätigt, als ihn sein abenteuerliches Leben – vielleicht sogar in königlichem Auftrag – nach Karantanien verschlug. Seine Heimat, das Fränkische Reich, war in Mitteleuropa unbestritten das Maß aller Dinge. Auf heutige Begriffe umgelegt, umfasste es zu Samos Lebzeiten bereits große Stücke Frankreichs und Deutschlands. Europa war die vorangegangenen beiden Jahrhunderte damit beschäftigt, sich nach dem Zusammenbruch des Weströmischen Reiches neu zu ordnen. Die Zeiten, in denen schwer bewaffnete römische Soldaten einem beispielsweise das Überqueren von Rhein und Donau vermiesten, waren endgültig, und schon länger, vorbei. Es sprach also nichts dagegen, sich weiter im Süden nach einem neuen Wohnsitz umzusehen. Und dabei waren die Franken klar im Vorteil: Sie hatten sich lange vor Roms Abschied von der europäischen Bühne in Stellung gebracht – der Kern des Kontinents war nun fest in ihrer Hand. In den folgenden Jahrhunderten sollte es ihnen sogar gelingen, das Fränkische Reich auf große Teile Europas auszudehnen.

Ganz anders war die Lage im Osten – ein stetes Kommen und Gehen. Pannonien, also die Gegend zwischen Plattensee und Neusiedler See, wurde nacheinander von einigen Völkern besiedelt, denen es in der ungarischen Tiefebene gefiel. Vor allem die Reitervölker des Ostens fanden die weiten, ebenen Flächen für ihre Pferdeherden ideal. Und doch verspürten sie nach einiger Zeit den Wunsch, Richtung Westen weiterzuziehen. Am Ende des 4. Jahrhunderts waren es die Ostgoten, die auf Basis eines Abkommens mit Rom an der unteren Donau ihre Zelte aufschlugen. Ein knappes Jahrhundert später, als das Weströmische Reich bereits zerschlagen war, machten sie sich Richtung Norditalien auf, um unter König Theoderich die Herrschaft über Italien zu übernehmen. In dieser Zeit statteten sie übrigens auch dem heutigen Kärnten einen Besuch ab und belagerten die Hauptstadt Teurnia. Als man den Goten im Tausch für einen kampflosen Abzug eine Lieferung norischer Kleidungsstücke zusagte, schlugen diese ein und zogen zufrieden ab. Die Stücke entstammten einer Kleidersammlung, die ursprünglich für eine Spendenaktion gedacht war. Heute weiß man, dass sich die Goten auch in anderen Teilen des Landes herumtrieben. Sie pflegten nämlich die seltsame Sitte, ihren Kleinkindern den Schädel künstlich so zu verformen, dass ihnen ein turmartiger Kopf wuchs. Aufgrund einschlägiger Skelettfunde weiß man, dass sie sich Anfang des 6. Jahrhunderts in Südkärnten aufhielten.

Als die Goten abzogen, blieb Pannonien nicht lange unbewohnt. Ihnen folgten im 6. Jahrhundert die *Männer mit den langen Bärten*, kurz Langobarden genannt. Auch sie zogen nach einigen Jahrzehnten Richtung Italien weiter. Durch ein dort entstandenes Machtvakuum – Theoderich war seit geraumer Zeit tot und seine Erben brachten die Thronfolge nicht auf die Reihe – tat sich eine günstige Gelegenheit auf, das Land zu übernehmen. Am Plattensee war nach dem Abgang der Langobarden wieder Platz, also ließen sich einige Zeit später die Awaren nieder und errichteten dort das Zentrum ihrer Macht. Die zopftragenden Reiterkrieger hat es, wie schon die Hunnen zwei Jahrhunderte zuvor, aus dem asiatischen Raum nach Europa verschlagen. Mit der Ausdehnung ihres Einflussgebietes bis ins heutige Österreich hatten sie den Höhepunkt ihrer Macht erreicht. Weite Teile Osteuropas zählten vorher schon zu ihrem Reich.

Das war in aller Kürze das politische Umfeld Samos, als er um 623 inmitten von Franken, Langobarden und Awaren auf die Idee kam, hier sein eigenes Königreich hineinzusetzen. Im Schnittpunkt – und Machtvakuum – der drei Reiche siedelten zu dieser Zeit die Slawen, ein zumeist friedliches Bauernvolk. Sie kamen ebenfalls aus dem Osten, wo sie schon seit einiger Zeit von den Awaren vor sich hergetrieben wurden. Die Kräfteverhältnisse waren allerdings geklärt, und so befand man sich zu den Awaren in loser Abhängigkeit. Die Bindung war offenbar locker genug, um die Bildung eines eigenen Reiches zu ermöglichen, und dennoch ausreichend gefestigt, um bei etwaigen Begehrlichkeiten der beiden anderen Nachbarn mit dem „Großen Bruder" im Rücken eine gewisse abschreckende Wirkung zu entfalten.

Vielleicht war Samo nur im rechten Moment am rechten Ort: Die Awaren hatten etwa zur gleichen Zeit am anderen Ende ihres Reiches mächtig Prügel bezogen, als sie versuchten, die Haupt- und Residenzstadt des byzantinischen Reiches, Konstantinopel, zu erobern. Dieser Gegner war den awarischen Reitern eine Nummer zu groß, immerhin handelte es sich bei Byzanz um die kerngesunde östliche Hälfte des Römischen Reiches, die ihr westliches Gegenstück um satte 1 000 Jahre überlebte. Die Schlacht vor den Toren der oströmischen Hauptstadt ging jedenfalls eindeutig an die Hausherren. Nur allzu verständlich, dass den Awaren die Tatsache eines weiteren slawischen Herrschers in einem ohnehin von ihnen kontrolliertem Gebiet nicht sonderlich unter den Nägeln brannte. Soll nicht heißen, dass es ihnen gleichgültig war, immerhin kam die Gründung des Fürstentums einem slawischen Aufstand gleich. Doch sie hatten zu dieser Zeit eben auch andere Sorgen.

Dem in diesen Jahren amtierenden Frankenkönig Dagobert hingegen war das neue slawische Königreich direkt vor der Nase ein wahrer Dorn im Auge. Gemeinsam mit den Langobarden wollte er dem Spuk ein schnelles Ende bereiten, was ihm allerdings gründlich misslang: Fredegar weiß in seiner Chronik zu berichten, dass die Hartnäckigkeit im Kampf gegen die Franken sogar weitere Slawenstämme in Samos Lager trieb. Einfacher wäre es für Dagobert gewesen, wenn er gar nichts unternommen hätte. Denn als Samo 659 starb, zerfiel sein Reich ebenso schnell wie es gekommen war. Erstaunlicherweise fand sich unter seinen 12 Frauen, 22 Söhnen und 15 Töchtern niemand, der sein Erbe antreten konnte oder wollte. Doch über all das musste sich der Franke Dagobert nicht mehr den Kopf zerbrechen – er starb in den ersten Regierungsjahren seines Gegenspielers.

Auf Samos Tod folgen einige Jahrzehnte, über die wir so gut wie nichts wissen. Erst ab Mitte des 8. Jahrhunderts existieren wieder schriftliche Berichte über die damaligen Vorkommnisse. Karantanien hatte sich inzwischen zu einer relativ eigenständigen Region entwickelt. Zumindest gibt es keine Indizien für das Gegenteil. Weder die Franken oder Awaren noch die immer bedeutender werdenden Baiern mischten sich in die Belange der überraschend selbstständigen karantanischen Slawen ein. Es ist erstaunlich – und es blieb bis heute ein Rätsel der Geschichte –, wie es den Karantanen gelang, in diesen Jahren ihre Souveränität zu bewahren. Wie viele Menschen lebten damals dort? Wie gelang es ihnen, sich so klug zu verteidigen? Und wer hatte damals überhaupt das Sagen? Alles Fragen, für die bislang die Antworten fehlen.

Das änderte sich schlagartig um etwa 740, als die Awaren einen Versuch unternahmen, sich Karantanien nun doch zur Gänze einzuverleiben. Fürst Boruth, der die Geschicke des Slawenreiches lenkte, rief in seiner Not die bairischen Nachbarn zu Hilfe. Mit ihnen gemeinsam gelang es, die Awaren aus dem Land zu jagen. Allerdings wurde Boruth die Geister, die er rief, nicht mehr los: die Baiern, die den Karantanen soeben gezeigt hatten, dass sie in dieser Gegend die Hosen anhaben, stellten den Führungsanspruch im Lande. Und so wurden das heutige Kärnten, Osttirol, der Nordosten Sloweniens und große Stücke der Steiermark dem bairischen Herzogtum unterstellt. Und damit keiner auf dumme Gedanken kam, nahmen die Baiern Boruths Sohn sowie seinen Neffen als Geiseln mit nach Hause. Aus Sicht der Baiern hörte sich die Geschichte etwas anders an: es sei der ausdrückliche Wunsch Boruths gewesen, dass die beiden jungen Männer in den Genuss einer christlichen Ausbildung kämen. Warum der heidnische Karantanenfürst, der sich bisher in Glaubensfragen unauffällig verhalten hatte, plötzlich ein derartiges Anliegen hatte, erklärt sich über Umwege. Das Christentum, das sich bereits im Römischen Reich zur Staatsreligion mauserte, verlor in den Wirren der Völkerwanderung seine politische und gesellschaftliche Stellung. So verlaufen sich auch auf Kärntner Boden alle Hinweise bischöflicher Anwesenheit gegen Ende des 6. Jahrhunderts. Das bedeutete für das päpstliche Rom, dass erhebliche Teile Mitteleuropas von Neuem für die christliche Sache gewonnen werden mussten. Den jeweiligen Machthabern war das nicht unrecht, da sich kirchliche und weltpolitische Interessen gegenseitig stützten. Dies galt auch für die Expansionspläne der Baiern, die sich mit dem Papst schon einige Jahre vorher auf ein gemeinsames Vorgehen geeinigt hatten. Die Erschließung neuer Gebiete im Osten erfolgte also in Abstimmung mit dem zuständigen Bischof. Im Falle Karantaniens war das der ranghöchste Kirchenmann Baierns, in Person des Erzbischofes von Salzburg. In Form einer Mission, also einer (Zwangs-) Bekehrung der Bevölkerung zum christlichen Glauben, sollte für eine politische Machtübernahme der Boden bereitetet werden.

Was konnte dem Salzburger Bischof also Besseres passieren, als die künftigen Thronfolger nach eigenen Vorstellungen ausbilden zu können, um die beiden schließlich zu gegebener Zeit in die Regierungsgeschäfte zu entlassen? So war gleichzeitig sichergestellt, dass ein nachreisender Missionsbischof bei seiner Ankunft am Fürstenhof keine allzu große Verwunderung hervorruft. Vor diesem Hintergrund entpuppt sich die Bitte Boruths damit weniger als persönliches Herzensanliegen, sondern als Geste der Unterwerfung. Ebenso zu verstehen ist der unmittelbar nach Boruths Tod an die Baiern herangetragene „Wunsch" der Karantanen, den Sohn des Herrschers zwecks Übernahme der Amtsgeschäfte baldmöglichst in seine Heimat zurückkehren zu lassen.

Beide Männer kamen wie geplant nacheinander in den Genuss der Fürstenwürde. Boruths Sohn Cacatius ist uns bereits am Anfang dieses Buches unter seinem slawischen Namen Gorazd begegnet. Denn er war es, der als Herzog Karast Eingang in die Lindwurmsage fand. Ihm und seinem Cousin folgten bald die ersten Salzburger Missionare, die bis Ende der 760er fleißig durchs Land zogen, um der Bevölkerung den katholischen Glauben näherzubringen. Einer der ersten Missionare, der

Die Baiern zeigten ihm den Weg nach Kärnten – Bischof Modestus.

Chorbischof Modestus, wird heute noch in Maria Saal verehrt. Als es jedoch im Lande zu mehreren Aufständen kam, stellten die Bischöfe ihre Aktivitäten ein und verließen das Land. Stattdessen kam der bairische Fürst Tassilo III. nach Karantanien, um die Scharmützel niederzuschlagen. Nachdem sich der Staub gelegt hatte, kehrten die Bischöfe auf Geheiß ihres Erzbischofs umgehend an die Nordseite der Drau zurück und setzten ihre missionarische Arbeit fort: Otto schickte Theoderich, Adelramus schickte Otto, Adelwinus schickte Hosbaldus und so weiter und so fort.

Die Salzburger Kirchenleute hatten ab nun in großen Teilen des heutigen Kärnten das Sagen. Und daran wird sich in den nächsten 1 000 Jahren nicht viel ändern.

Während Fürst Tassilo sich darüber freute, im Südosten seines Reiches wieder geordnete Verhältnisse hergestellt zu haben, zogen daheim in Baiern (Anm.: das „y“ kam erst viel später) dunkle Wolken auf. Karl, sein fränkischer Reichsnachbar und künftiger Kaiser, hatte beschlossen, sein Imperium Richtung Osten und Süden auszudehnen. Nachdem er die Langobarden im Süden im Kampf besiegt hatte, gelang es Karl in geschicktem Zusammenspiel mit dem Papst, Tassilo zur Herausgabe seines Herzogtums samt aller dazugehörigen Ländereien zu zwingen. Dem entmachteten Tassilo wurde auf die „Bitte“ Karls ein Platz in einem Kloster zur Verfügung gestellt. Wie solche Bitten zu deuten sind, weiß man bereits. Von nun an hatte Karl der Große im Baiernland – und gleichzeitig in Karantanien – alle Fäden in der Hand. Seine Reichsbeamten übernahmen hiermit die Führung im Lande.

Wie schon oben angesprochen, gelang es den Franken insbesondere unter Karl dem Großen, ihr Reich auf weite Teile Europas auszudehnen. Nach den Langobarden im Süden unterwarf Karl auch die Awaren im Osten. Von den unmittelbar angrenzenden Ländern Karantaniens ging nun also keine Gefahr mehr aus. Über Karantanien selbst gibt es aus den folgenden Jahrzehnten nicht viel zu erzählen. Die Ereignisse dieser Zeit spielten sich – insbesondere nach dem Tod Kaiser

Karls im Jahre 814 – eher auf Reichsebene ab. Mehrere Trennungen und erneute Zusammenschlüsse verschiedener Reichsteile führten am Ende dazu, dass Karantanien seine slawisch geprägte Eigenständigkeit verlor und dem Herzogtum Baiern eingegliedert wurde. Schenkungen an Kirche und Adel förderten die Einwanderung in unser Land, doch dazu kommen wir noch. Die Missionstätigkeit der Kirche tat ihr Übriges, den Menschen die Kultur des Westens näherzubringen. Schon im 8. Jahrhundert gab es auf karantanischem Boden mehr bairische als slawische Siedlungen. Zu dieser Zeit begann man, in größerem Ausmaß die Wälder zu roden. Neue Dörfer entstanden auf bisher ungenutztem Boden und daher ohne den Einheimischen etwas von ihrem Grund wegzunehmen.

Die Reihe der Erben Kaiser Karls, die die Geschicke Karantaniens leiteten, reicht bis ins 10. Jahrhundert. Arnulf, ein Urenkel Karls des Großen, war am Ende des 9. Jahrhunderts ebenfalls für einige Jahre Verwalter des Landes. Nachdem es ihm gelang, seinen kränkelnden Onkel Karl III. aus dem Amt zu hieven, wurde Arnulf von Kärnten zum König der Franken und einige Jahre später vom Papst sogar zum Römischen Kaiser gekrönt. Sein Geschlecht – die Karolinger – erlosch jedoch kurz darauf, weil sein Sohn im jugendlichen Alter kinderlos verstarb.

Wie sich das einfache Leben in diesem letzten Jahrhundert des ersten Jahrtausends abspielte, wissen wir kaum. Während das politische Spiel der mächtigen Herren in Form einer langen Liste unterschiedlichster Herrschernamen erforscht und dokumentiert ist, bleibt das Leben der Normalsterblichen jener Zeit für uns weiterhin größtenteils im Dunkeln. Umso erfreulicher ist es, wenn es Wissenschaftern gelingt, wieder etwas Licht auf diese Zeit zu werfen. Auch wenn sich das Augenmerk manchmal weniger auf das damalige Leben als auf das damalige Sterben richtet. So geschehen im Herbst 2013, als sich Kurt Karpf und Claus Vetterling an einem ihrer Herzensprojekte zu schaffen machten. Der Villacher Stadtarchivar und sein Bamberger Studienkollege sind Mitglieder des Museumsvereins Carantana.

Auf in den Süden – Römerstraße bei Villach

Mitten im Zollfeld – Amphitheater Virunum

Römerzeitliches Freilichtmuseum an der Kirchenwand von St. Donat

Römersteinbruch Spitzelofen

Römisches Grabmedaillon aus St. Peter am Wallersberg

Der Herzog und sein Hof –
Hardegg, eine der Hauptburgen im Umkreis von St. Veit

Aus antiken Steinen erbaut – das Prunnerkreuz.

Ehemalige Straßenburg Strassfried bei Arnoldstein

Ein kleines Stück der ehemaligen Stadtmauer Villachs blieb erhalten.

Goldfunde in der Kliening ließen die Bamberger Besitzungen im Lavanttal wachsen – Burgruine Gomarn.

Wacht über den Klagenfurter Arthur-Lemisch-Platz – Herzog Bernhard.

Karolingische Flechtwerksteine – Kirche St. Peter am Bichl

Dieser wurde ins Leben gerufen, als Professor Franz Glaser Mitte der 1980er-Jahre südlich von Spittal das älteste Kloster Kärntens aus der Erde grub. Es stammte aus der Zeit Kaiser Karls, dem die Region unter der Bezeichnung *provincia Carantana* geläufig war.

Schon damals, bei den Ausgrabungen 1986, hegten die Forscher den Verdacht, dass sich im Freigelände neben dem Kloster höchstwahrscheinlich auch Grabstellen befinden. Was sich nun, über ein Vierteljahrhundert später, bewahrheitete. In rund

1,5 Metern stießen die beiden Männer auf vier Skelette, deren Grabbeigaben eine eindeutige zeitliche Zuordnung ins 10. Jahrhundert ermöglichten. Drei Erwachsene und ein Kind waren bestattet worden. Bei der Freilegung der Überreste ging das Team gewohnt sorgfältig vor – und diese Mühe wurde umgehend belohnt. Denn bei der genaueren Untersuchung eines Skeletts stellte man fest, dass eine der Personen nachträglich gepfählt wurde. Das sei zu jener Zeit nichts Außergewöhnliches gewesen, so Karpf: Damals war man überzeugt, dass Frauen, die bei der Geburt ihres Kindes ums Leben kamen, später wiederkehren könnten, um ihr Kind mit ins Grab zu nehmen. Ein Pfahl in der Brust stellte jedoch laut damaliger Ansicht eine probate Vorsichtsmaßnahme dar. Offenbar wollte man auch in diesem Fall kein Risiko eingehen. Den Mutigen mag die Welt gehören ... aber sicher ist sicher.

SPURENSUCHE

Karolingermuseum Moosburg mit Schwerpunkt in der zweiten Hälfte des 9. Jahrhunderts. *www.moosburg.gv.at*

Frühmittelaltermuseum Carantana mit Museumsbereich und Ausgrabungsgelände. *www.carantana.at*

Spuren spätantiker bzw. frühmittelalterlicher Kirchen auf dem Hemmaberg (Globasnitz, *http://www.museum-globasnitz.at* – hier findet man auch die turmartig eingebundenen Schädel der Ostgoten), Duel (Feistritz/Drau) oder Teurnia (*www.landesmuseum.ktn.gv.at*).

Etgar, der letzte schriftlich genannte Slawenfürst, war der großzügige Spender der kleinen Kirche in St. Peter am Bichl. Dies glaubt man, weil an der Außenwand der Kirche eine Steintafel eingemauert wurde, die den Namen des Stifters nennt. Ein Besuch lohnt sich auch wegen der gut erhaltenen Flechtwerksteine über der Eingangstür.

Das neue Jahrtausend

Wer hat hier eigentlich das Sagen?

1000 – 1300

Wir schreiben Mittwoch, den 17. November 1227, und Bernhard, Edelspross aus dem Hause der Spanheimer, Herzog von Kärnten und oberster Politiker des Landes, ist alles andere als gut gelaunt. Soeben hat er seine Signatur unter ein Friedensabkommen gesetzt, welches seine jahrelangen Bemühungen, sich die Macht im Handelszentrum Villach zu sichern, mit einem Schlag zunichte macht. Sein ewiger Gegenspieler, der Bamberger Fürstbischof Eckbert, hatte wieder einmal das bessere Ende für sich. Da mag selbst einem abgeklärten Landesfürsten die Hutschnur hochgehen – auch wenn ihn die spätere Heimatforschung trotz einiger ähnlich gelagerter Rückschläge zum einflussreichsten Herzog kürt, den das Spanheimergeschlecht in seiner knapp 150-jährigen Regentschaft hervorgebracht hat. Was ist geschehen?

Seit 1202, als König Philipp den klugen und ehrgeizigen Spanheimer zum obersten Kärntner ernannte, war bereits ein Vierteljahrhundert vergangen. Doch trotz der erstaunlich langen Zeit, die Bernhard mittlerweile im Amt war, kam er daheim in Kärnten nicht so recht vom Fleck. Auch wenn der Titel eines Herzogs in unseren Ohren nach Macht und Einfluss klingt – im täglichen politischen Geschäft der damaligen Zeit musste der Inhaber des Amtes mit der Tatsache leben, dass es neben ihm noch andere „Götter“ gab. Kärnten war an der Seite von Baiern, Franken, Sachsen und Schwaben ein gleichberechtigtes, eigenständiges Herzogtum. Doch innerhalb der Grenzen des Landes hatten verschiedenste Mächte das Ruder in der Hand, unter denen der Herzog nur ein Gleicher unter Gleichen war. Bischöfe und Grafen verfügten im ganzen Land über ausgedehnten Grundbesitz, unterstanden in der politischen Hackordnung nur dem König bzw. Kaiser und mussten sich von niemandem sonst etwas sagen lassen. Und das schließt – sehr zu dessen Ungemach – den Herzog mit ein.

Als Bernhard von Spanheim in noch jugendlichem Alter die politische Bühne Kärntens betrat, fand er sich also nicht in der Rolle eines Herrschers wieder, sondern sah sich einer Riege von stolzen weltlichen und geistlichen Grundbesitzern gegenüber, die auch außerhalb des Landes über große Reichtümer verfügten. Die Spanheimer besaßen jenseits der Grenzen ebenfalls beachtliche Ländereien, in Kärnten jedoch stand ihr Einfluss zu Beginn des 13. Jahrhunderts auf eher wackeligen Beinen. Obwohl es Herzog Bernhard bald gelang, den hübschen Markt St. Veit zu einer ansehnlichen Stadt auszubauen, lagen die wirklichen Zentren des Landes weiterhin anderswo. Die nahe gelegene, mächtige Burgenstadt Friesach hatte im Hochmittelalter selbst im europäischen Vergleich eine herausragende Stellung und war bedeutender als etwa Wien. Und die Draustadt Villach war dank ihrer hervorragenden Lage am Schnittpunkt der wichtigsten Fernverkehrsrouten gerade dabei, sich von einem pulsierenden Markt zu einer wohlhabenden Stadt zu entwickeln. Die Brücke, die sich dort über die Drau spannte, war die einzige Möglichkeit weit und breit, mit den Handelsgütern ans andere Ufer zu gelangen. Ein günstig platziertes Mauthäuschen bescherte den Stadtherren großen Reichtum.

Heutzutage würde ein Landeshauptmann bei derart vielversprechenden Rahmenbedingungen kaum müde werden, den „boomenden Wirtschaftsstandort Kärnten" über den grünen Klee zu loben. Doch den beiden Städten war etwas gemein, das die Freude des Herzogs dämpfte: sie waren im Besitz der katholischen Kirche und daher in allen denkbaren Aspekten *kein* Bestandteil des Herzogtums. An den Toren der Stadt endete der Einflussbereich des Herzogs. Noch schlimmer, die gewaltigen Erlöse durch Maut und Abgaben flossen entweder ins fränkische Bamberg oder erfreuten den Opferstock des Salzburger Erzbischofs. Erschwerend kam hinzu, dass den klerikalen Stadtherren äußerst umfangreiche Ländereien gehörten, sodass Bernhard zwar der am längsten amtierende Herzog des Hochmittelalters war, ihm jedoch nur ein kleines Dreieck zwischen den Städten Völkermarkt, St. Veit und dem damals noch bedeutungslosen Klagenfurt unterstand. Denn in Ober- und Unterkärnten hatten die Grafen von Görz, Ortenburg bzw. Heunburg das Sagen. Und neben den großen Teilen Mittelkärntens war auch das Lavanttal seit Jahrhunderten im Besitz der geistlichen Obrigkeit.

Aus dem homogenen Fürstentum Karantanien ist also ein Konglomerat unterschiedlichster Machtbereiche geworden. Wie aber kam es dazu? Wer zurückblickt auf das letzte Viertel des ersten Jahrtausends, hat im Gebiet des heutigen Kärntens ein politisch einheitliches Gebilde vor sich, welches dem fränkischen Herrscherhaus unterstand, und dabei einmal mehr, einmal weniger eng mit Baiern verbandelt war. Das Land der Karantanerfürsten, die hier zuvor die Vormachtstellung hatten, wurde im 9. Jahrhundert zu Königsgut. Das bedeutete, dass es nun dem König allein gehörte. Und der konnte damit machen, was er wollte.

Das nützte er auch: der Regent hatte großes Interesse an einer möglichst umfangreichen Bewirtschaftung seiner Landflächen, denn nur bewirtschaftete Flächen werfen Erträge ab, die über Abgaben und Steuern der eigenen Schatzkammer zugutekommen. Ebenso wichtig war ein verlässliches Netz an Bündnispartnern innerhalb der Kirche und des Adels. Beide Gruppen wurden durch umfangreiche Schenkungen an das Königshaus gebunden. So wechselten einmal kleinere, dann wieder größere Landstriche den Besitzer. Dessen Aufgabe war es dann, dafür zu sorgen, dass bisher ungenutzte Flächen gerodet und zu Ackerflächen umgewidmet wurden.

Die neuen Grundherren teilten das Land also in einzelne Bauerngüter – die sogenannten *Huben* – auf. Sie waren ausreichend groß, um eine Familie ernähren zu können. Vorwiegend bairische Siedler folgten dem Ruf der Grundeigentümer nach Kärnten. Ihnen wurde das Bauerngut zur Bewirtschaftung verpachtet, denn von „irgendetwas“ mussten die Grundherren schließlich leben. Die Pacht wurde in Form von Naturalien,

Gut erhaltener Burgfried der Ruine Liebenfels.

das heißt einem Anteil am landwirtschaftlichen Erlös, beglichen. Außerdem konnten die Bauern zur Arbeit am Hofe des Grundherrn eingeteilt werden. Auch diese Leistung, der sogenannte Frondienst, wurde vorher vereinbart. Alles in allem dürften die Konditionen aus damaliger Sicht annehmbar gewesen sein, denn für viele waren sie ein Anreiz, die weite Anreise über den Alpenkamm auf sich zu nehmen. Gleichzeitig sorgte das System dafür, dass der Grundherr die nötigen Mittel hatte, an seiner eigenen Machtstellung zu feilen. Mit den Erträgen aus den Ländereien wurde alles finanziert, was man zum Herrschen brauchte. Die Bamberger Stadtherren von Villach ließen mit diesen Erträgen beispielsweise die beiden Straßenburgen zu Federaun (bei Villach) und Strassfried (bei Hohenthurn/Arnoldstein) erbauen, von deren Türmen aus künftig der Verkehrsweg zwischen der Drau und der heutigen südlichen Landesgrenze überwacht wurde.

Doch zurück zu den Schenkungen: Die Kirchenväter Salzburgs, die sich bereits als Missionare Karantaniens verdient gemacht haben, bekamen im 9. Jahrhundert den größten Happen ihrer Besitztümer in Kärnten. Das oben erwähnte Friesach ging bereits 860 an den Erzbischof, der in kirchlichen Fragen für das Kärnten nördlich der Drau zuständig war (der Süden wurde von Aquileia betreut). Eine weitere Schenkung bescherte dem fränkischen Stift Bamberg im Jahre 1007 einen bedeutenden Anteil an Kärnten. Bei dieser Gelegenheit wurde der Bamberger Bischof auch zum Herren Villachs, das allerdings in jenem Jahr weit vom Status einer Stadt entfernt war. Mehr als ein paar Häuser wird es dort noch nicht gegeben haben. Egal, der Grundstein für die späteren Streitereien mit Herzog Bernhard war gelegt. Denn Bambergs Kirchenherren, denen auch das Kanaltal und der Predilpass gehörten, waren ab sofort die uneingeschränkten Wächter des Italienverkehrs.

Den beiden Kirchenfürsten wurde darüber hinaus vom Kaiser höchstpersönlich zugesichert, dass sie sich keiner weltlichen Macht unterzuordnen hätten. Wie oben angesprochen, bedeutete das vor allem, dass sich die Besitztümer der Kirche aus

Sicht des Landesherzoges im „Ausland“ befanden. Trotzdem kam es in der Geschichte der Städte immer wieder vor, dass der heimische Adel die vermeintliche Gunst der Stunde nutzen wollte, um sich Bistumsbesitz einzuverleiben. Wiederholt standen schwer bewaffnete Ritter vor den Stadtmauern Friesachs oder Villachs und brachten die Bewohner der Städte in arge Bedrängnis. Aufgrund der ständig wechselnden Loyalitäten im Reich sowie der wiederholten Auseinandersetzungen zwischen Kaiser und Papst waren die Kirchenmänner also gut beraten, ihre Besitztümer gegenüber den Nachbarn im Lande genauso zu schützen wie vor jeder anderen potenziellen Gefahr auch.

Im 11. Jahrhundert war die Aufteilung der Königsgüter im Großen und Ganzen abgeschlossen. Ganz Oberkärnten sowie weite Teile Südostkärntens waren dem weltlichen Adel zugewiesen, während die Kirchenfürsten Bambergs und Salzburgs den Zentralraum, und damit die bedeutendsten Verkehrswege einschließlich des wichtigsten Passüberganges nach Süden ins Kanaltal, kontrollierten. Denn einer der Hauptwege zur Adria – oder auch zum Papst nach Rom – führte quer durch Kärnten. Der Kaiser fühlte sich mit einem kirchlichen Bündnispartner an einer strategisch so wichtigen Stelle offenbar wohler als mit einer möglicherweise karriereorientierten weltlichen Macht.

Der Herzog von Kärnten hatte hier also nicht viel zu tun, und noch viel weniger hatte er zu befehlen. Trotzdem gab es gerade im 11. Jahrhundert eine hohe Anzahl an Bewerbern für das Amt. Woher kam die große Beliebtheit, wo doch die wenigsten von ihnen während ihrer Regierungszeit überhaupt einen Fuß auf Kärntner Boden setzten? War es nur ein weiterer Titel, der dem Träger zu größerem Prestige verhalf? Nicht nur. Der Hauptgrund für das lebhafte Interesse an der Herzogswürde lag darin, dass der jeweilige Amtsträger in die erste Reihe hinter dem König aufrückte. Alle anderen Grafschaften, die sich sonstwo im Reich befanden, waren auf einen Schlag herzoglicher Besitz und damit nicht mehr dem jeweiligen Landesherren untergeordnet. So ersparte man sich Ärger auf Schauplätzen, die mit Kärnten ansonsten gar nichts zu tun hatten.

Erst der Familie der Eppensteiner, die ihr damaliger Besitz zum reichsten Haus in den Ostalpen machte, gelang es, dem raschen Wechsel an Amtsträgern ein Ende zu setzen und den Herzogstitel ab dem Jahr 1077 für mehrere Jahrzehnte in der Familie zu halten. Biologische Gründe setzten der ersten Herzogsdynastie auf Kärntner Boden im Jahre 1122 allerdings ein jähes Ende – sie starb aus. Doch zu dieser Zeit standen bereits die Spanheimer bereit, die das Heft bis 1269 nicht mehr aus der Hand gaben. Gemeinsam mit den Kirchenfürsten aus Bamberg und Salzburg bildeten die beiden Adelshäuser die Konstanten der Kärntner Landespolitik des 11. bis 13. Jahrhunderts. Einem anderen Teil Kärntens war das meist gleichgültig. Oberkärnten – damals noch im Verbund mit Osttirol – hatte sich dem Zugriff von Kirche und Herzog völlig entzogen. Der dort ansässige Adel spielte im Mächtedreieck der Bistumsstädte Villach und Friesach sowie der Herzogsstadt St. Veit keine Rolle. Eine Ausnahme bildete ein kurzes Intermezzo Mitte des 13. Jahrhunderts, als der Görzer Graf Meinhard III. glaubte, die politische Gunst der Stunde nutzen zu müssen, um sich sowohl Sachsen- als auch Greifenburg einzuverleiben. Sachsenburg gehörte dem Salzburger Bistum, Greifenburg den Spanheimern. Bernhards Sohn Philipp, ein Spanheimer und auch amtierender Salzburger Erzbischof, fühlte sich ob dieses doppelten Affronts persönlich verpflichtet, in Oberkärnten nach dem Rechten zu sehen – und verpasste dem Görzer Grafen auf dem Schlachtfeld eine bittere Niederlage. Bis ins Jahr 1286, als Meinhard Kärntner Herzog wurde (siehe Nahaufnahme „Fürstenstein und Herzogstuhl"), war von den Görzern nichts mehr Epochales zu hören.

Kehren wir nun zur Ausgangslage zurück, und damit zu Herzog Bernhard ins Jahr 1227. Um seinen Groll an jenem Novembertag nachvollziehen zu können, muss man ein wenig in der Familienchronik blättern. Bernhards Vater und Ex-Herzog Hermann war im Bemühen, den verschiedenen Kirchenfürsten des Landes ein Stück von ihrer Macht abzutrotzen, im Vergleich zu seinen Vorgängern recht weit gekommen. Immerhin war er als Vogt der Bambergischen Besitztümer für deren weltliche Angelegenheiten zuständig. In dieser Funktion vertrat er auch die Gurker Bischöfe – und nicht zuletzt den Patriarchen von Aquileia – in allen nicht-kirchlichen Angelegenheiten Kärntens. Herzog Bernhard, der nach Hermanns Tod in dessen Fußstapfen trat, wollte seinen Einflussbereich allerdings noch deutlich weiter ausbauen. Kurzum, sein Ziel war die Alleinherrschaft im Lande. Leichter gesagt als getan, denn das bedeutete nicht weniger, als die mächtigen Kirchenfürsten Bambergs und Salzburgs direkt zu konfrontieren und ihnen, ob nun politisch oder militärisch, den Kärntner Boden unter den Füßen wegzuziehen. Bernhard war klar, dass diese ihm dabei nicht tatenlos zusehen werden. Es galt also, die politischen Entwicklungen auf Reichsebene genau zu beobachten und die richtige Gelegenheit abzuwarten, um die Initiative zu ergreifen.

Diesen passenden Zeitpunkt sah Bernhard 1208 gekommen, als Villachs Stadtherr, der Bamberger Bischof Eckbert, in den Verdacht geriet, bei dem soeben verübten Mord an König Philipp seine Finger mit im Spiel gehabt zu haben und daher im ganzen Reich geächtet wurde. Und mit Ächten war zu jener Zeit nicht etwa gemeint, mit dem Finger auf ihn zu zeigen und ihn mit Schimpfwörtern einzudecken. Wer geächtet war, für den galt: „Wanted – dead or alive." Das erklärte auch Eckberts plötzliche Lust auf einen längeren Aufenthalt in Ungarn. Mit einem solcherart geschwächten Stadtherrn sah Bernhard die Zeit gekommen, sich an der Drau in Stellung zu bringen. Eckbert konnte zwar aus seinem Exil heraus die Vorwürfe bald entkräften, doch der Ehrgeiz des Herzogs war geweckt. Um in Villach einen Fuß auf den Boden zu bekommen, kaufte er sich direkt an der Draubrücke ein Haus. Zu einem wehrhaften Gebäude ausgebaut, so die Überlegung, könne der Herzog unmittelbar auf den Brückenverkehr Einfluss nehmen. Wie der Bamberger Stadtherr auf die Tatsache reagierte, dass sich sein frecher Widersacher mitten ins gemachte Nest setzte, ist nicht bekannt. Doch die Aktion zog zumindest so weite Kreise, dass sich der Besitzer der angrenzenden Nachbarherrschaft Treffen genötigt sah, seine Besitzrechte nochmals direkt vom Kaiser bestätigen zu lassen.

Wo Herzog Bernhard seine Flitterwochen verbrachte – Ruine Leonstein in Pörtschach.

Herzog Bernhard setzte unterdessen seine Geopolitik an anderer Stelle fort: Völkermarkt, am flussabwärts linken Drauufer gelegen, gehörte damals samt und sonders dem Stift St. Paul. Schon sein Vater Hermann hätte den florierenden Markt gerne eingeheimst, doch der Kaiser stellte sich auf die Seite der Mönche und so wurde daraus nichts. Dabei waren es ausgerechnet die gemeinsamen Vorfahren der beiden Herzoge, die den Markt überhaupt erst an das Kloster verschenkten. Das rechte Flussufer mitsamt seinen Bewohnern gehörte allerdings immer noch dem Hause Spanheim. Bernhard war also Vogt (= Verwalter des Kirchenbesitzes) am linken und Eigentümer am rechten Drauufer. Da er also auf beiden Seiten des Flusses das Sagen hatte, ließ er (übrigens mit den Geldern des Stifts) eine Brücke errichten, die die beiden Seiten verband. Der Herzog konnte mit dem Ergebnis zufrieden sein: Nicht nur, dass sich durch dieses Vorgehen sein Wunsch nach einem eigenen Flussübergang erfüllte, er hatte auch rechtzeitig darauf geachtet, dass niemand anderem außer ihm das Recht zufiel, die Brückenmaut kassieren zu dürfen.

Ein paar Jahre zogen ins Land, in denen sich der Herzog hier und dort weitere Vorteile verschaffte. Ein Drauübergang bei der Hollenburg kam dazu, und durch einen Besitzkauf bei Reichenfels sicherte er sich die Kontrolle über den Verkehr zwischen der Steiermark und dem Lavanttal. Doch all das waren nur kleine Fische, sein Hauptaugenmerk lag weiterhin auf Villach, wo er inzwischen auch innerhalb der Stadtmauern weitere Verbündete auf seiner Seite wähnte. Das überraschendste Manöver gegen Villach inszenierte Bernhard allerdings weit außerhalb der Stadtmauern. Ein paar Kilometer flussabwärts nämlich befand sich an den Ufern einer Drauschlinge ein anderer St. Pauler Klosterbesitz namens Werdeburch, heute Wernberg genannt. Hier, so der Plan des Herzogs, sollte eine Brücke über die Drau entstehen, die von der Anhöhe aus mittels einer mächtigen Burg bewacht wird. Und die Halbinsel inmitten der Drauschlinge wäre auch gleich ein geeigneter Platz für einen Markt, um „mit dem Fränkischen Krummstab in Konkurrenz zu treten“, wie Anton Kreuzer es formulierte. Die Unterkärntner Mönche durchschauten die Pläne des Herzogs bald und hielten an ihrem Besitz fest, da sie um jeden Preis vermeiden wollten, den Bambergern ins Gehege zu kommen. Bernhard scherte sich allerdings nicht um derlei Kleinkram und gab die Brücke trotzdem in Auftrag.

Die Lage der Brücke an dieser Stelle war ungemein attraktiv, immerhin ersparte sie dem damaligen Fernreisenden eine Überquerung der oft Hochwasser führenden Gail (wer nach Villach wollte, musste die Hürde auf Höhe der wachsamen Burg Federaun nehmen). Die Anbindung nach Süden führte direkt ins Kanaltal, und nach Norden war sowohl der schräge Durchgang als auch die Anbindung an die Tauernstrecke ohne Umwege möglich. Lauter Vorteile, die für die Variante über Wernberg sprachen. Und an die Händler, die bisher in Villach ihre Waren feilboten, hatte Bernhard ebenfalls gedacht: ihnen galt es, den neugeschaffenen Markt in der Drauschlinge schmackhaft zu machen.

Doch dazu kam es nicht, da dem Herzog für sein Vorhaben jeglicher Rückhalt auf Reichsebene fehlte. Offenbar gab es außer Bernhard niemanden, der den so wichtigen Verkehrsknotenpunkt gerne in den Händen eines nach Macht strebenden Landesfürsten sehen wollte. Wohl oder übel musste er einer auf höchster Ebene ausverhandelten Friedensvereinbarung zustimmen, die ihn dazu nötigte, die Brücke wieder abzureißen und die Burg Wernberg an den Bamberger Bischof zu verkaufen. Und das mit dem Markt direkt vor den Toren Villachs käme ohnehin überhaupt nicht in Frage, so der sinngemäße Wortlaut. Sogar die Feste Reichenfels am anderen Ende des Landes musste er wieder hergeben.

So endete der letzte ernstzunehmende Versuch des Herzogs, die Macht des Bamberger Bischofs zu brechen. Vieles spricht dafür, dass Villach heute die Hauptstadt Kärntens wäre, hätte sich Bamberg über die Jahrhunderte nicht so standhaft gegen eine herzogliche Vereinnahmung gewehrt. Da jedoch jede der Parteien auf eine solide Machtbasis blicken konnte, standen sich zur Zeit der Kärntner Städtegründungen drei annähernd gleich starke Gruppen gegenüber: St. Veit, Völkermarkt (wiewohl erst nach langem Gerangel mit den Mönchen St. Pauls), Klagenfurt und zuletzt Bleiburg entwickelten sich zu landesfürstlichen Hochburgen. In Friesach, Gmünd, St. Andrä/Lavanttal und Straßburg bestimmten die Salzburger bzw. Gurker Bischöfe das Geschehen. Und Villach, Wolfsberg, St. Leonhard/Lavanttal sowie Feldkirchen waren fest in Bamberger Hand.

Doch nicht nur der Herzog hatte Interesse an einem längerfristigen Ausbau der eigenen Machtstellung, auch zwischen den Geistlichkeiten kam es fallweise zu turbulenten Szenen. Im 12. Jahrhundert wurde ausgerechnet zwischen den Bistümern Salzburg und Gurk lange gestritten, mitunter sogar unter Einsatz von Gewalt. Es ging im Grunde darum, wer von den beiden in Streitfragen das letzte Wort hat. Beide Bistümer besaßen nämlich alte Rechte an dem äußerst günstig gelegenen, sich gerade zu einer Metropole europäischen Ranges entwickeln-

Stiftete Klöster und wird heute bei Augenleiden angerufen – Hemma von Gurk.

den Fleckchen Friesach. Wer die Stadt regierte, hatte auch Anspruch auf die reichen Erträge der umliegenden Bergwerke. Darüber hinaus hatte der Stadtherr das Privileg der eigenen Münze – er durfte also Geld in Umlauf bringen, was dank der eigenen Silberminen rund um Friesach ein besonders einträgliches Geschäft war. Der Friesacher Pfennig war zu seiner Zeit ein weit über die Landesgrenzen hinaus verbreitetes Zahlungsmittel.

Die Gurker Geistlichen haderten schon länger mit ihrem Schicksal. Im Jahre 1072 von den Salzburgern gegründet, um das Bistum in Kärnten in allen Angelegenheiten bestmöglich zu vertreten, befand sich Gurk 100 Jahre später immer noch am – ihrer Meinung nach viel zu kurzen – Gängelband der Salzburger Erzbischöfe. Dem Wunsch nach mehr Eigenständigkeit wurde nicht stattgegeben: Es dauerte beinahe 60 Jahre, bis den Gurkern überhaupt ein erster eigener, kleiner Kirchensprengel übertragen wurde. Doch die Handelsstadt Friesach gehörte nach wie vor nicht dazu, was dazu führte, dass sich die Gurker ihr eigenes Reich schufen. Davon zeugt noch heute ein Schloss im Gurktal, welches im 12. Jahrhundert als wehrhafte *Straßburg* errichtet wurde. Am Fuße des Burghügels entwickelte sich bald das florierende gleichnamige Städtchen, wo nun die Gurker Bischöfe das Sagen hatten. Das Ei hatte sich endlich erfolgreich aus der Umklammerung der Henne gelöst.

Über 600 Jahre lang befand sich unweit des etwa gleichzeitig errichteten Doms der Sitz der Gurker Bischöfe. Erst Ende des 18. Jahrhunderts gaben sie ihr Quartier im Gurktal auf und zogen nach Klagenfurt. In jene Stadt, die im 13. Jahrhundert Herzog Bernhard gehörte und heute auf dem Arthur-Lemisch-Platz eine Statue des Spanheimers beherbergt. Die spätere Landeshauptstadt sollte sich in der Neuzeit ebenfalls zu einem wichtigen Verkehrsknotenpunkt entwickeln.

Hätte Bernhard das gewusst, hätte er sich seine Hoch- und Tiefbaupläne an der Drau ersparen und einfach auf Zeit setzen können. Doch abwarten und Tee trinken entsprach nicht seinem Naturell. Dazu waren, wie man gesehen hat, seine Nachbarn viel zu umtriebig. Erst gegen Ende seiner langen Regierungszeit setzte eine gewisse Resignation ein. Ein halbes Jahrhundert hatte er versucht, an den Besitzverhältnissen in Kärnten zu rütteln, doch abgesehen vom Bedeutungsaufschwung „seiner" Städte hatte sich nicht viel ausrichten lassen. Kein Wunder also, dass der Herzog hin und wieder starken Gemütsschwankungen unterworfen war.

NAHAUFNAHME

Fürstenstein und Herzogstuhl

Mit den unmittelbaren Nachfahren Herzog Bernhards ging das Geschlecht der Spanheimer den Weg alles Irdischen. Bernhards ältester Sohn Ulrich war der letzte tatsächlich amtierende Herzog dieser Familie. Eine knapp 150-jährige Ära endete mit seinem Tod im Jahre 1269, auch wenn Ulrichs ehrgeiziger Bruder Philipp auf dem Papier noch für ein paar Jahre zum Zug kam. Dieser Philipp, eher ein Soldatenführer als ein Mann der Kirche, wurde in seiner abwechslungsreichen Karriere sowohl Erzbischof von Salzburg als auch Patriarch von Aquileia. Er starb 1279 – und damit war die Spanheimer Herrscherdynastie endgültig erloschen.

Einige Jahre später – wir nähern uns inzwischen dem Ende des 13. Jahrhunderts – wurde Meinhard von Görz vom Kaiser mit dem Herzogtum Kärnten belehnt. Einem alten Brauch folgend holte er sich, obwohl bereits vom Kaiser nominiert, auch von den Kärntnern selbst seinen Segen. In Kärnten hatte man nämlich eigene Vorstellungen von der Inthronisierung eines neuen Herzogs. Wollte dieser es sich nicht von Beginn an mit den Adelsmännern und freien Bauern des Landes verscherzen, tat er gut daran, die Bräuche und Gepflogenheiten der heimischen Elite zu respektieren.

Abt Johann von Viktring war Zeitgenosse mehrerer Herzogseinsetzungen und hielt das Ritual am Beispiel Herzog Meinhards dankenswerterweise für die Nachwelt fest. Als Meinhard sein Herzogsamt antrat, war Johann um die 16 Jahre alt. Es ist nicht ausgeschlossen, dass er selbst den Ereignissen beiwohnte. Wahrscheinlicher ist jedoch, dass er sich mit seiner Schilderung an späteren Herzogseinsetzungen orientierte, vielleicht jener des ersten Habsburgers, der in Kärnten Herzog wurde. Das war Otto der Fröhliche, und man schrieb das Jahr 1335. Abt Johann verfasste seine Geschichtschronik 1340/41, da lag die Einsetzung Herzog Meinhards schon mehr als ein halbes Jahrhundert zurück. So liegt es nahe, dass er sich an die erst wenige Jahre zurückliegende Habsburger-Einsetzung besser zu erinnern vermochte.

Was war also zu tun, um Kärntner Herzog zu werden? Der erste Teil der Zeremonie fand in Karnburg statt, wo bis vor 150 Jahren der Fürstenstein auf einer Wiese stand. Auf diesem Stein – der umgekehrten Basis einer römischen Säule – erwartete ein freier Bauer den künftigen Herzog, um ihm einige Fragen zu Religion und Rechtsverständnis zu stellen. Diese freien Bauern, Edlinger genannt, hatten eine Sonderstellung inne: sie trugen Waffen und waren mit Fragen des Wehr- und Gerichtsdienstes betraut. Es war daher sicherlich kein Nachteil, mit ihnen in gutem Einvernehmen zu stehen. Fielen die Antworten des Herzogs zur Zufriedenheit des jeweiligen Bauern aus, räumte dieser den Fürstenstein und überließ ihn dem Herzog. Als Dankeschön für sein Vertrauen erhielt der Bauer vom Herzog nun ein Pferd, einen Stier und reichlich Bargeld. Darüber hinaus wurde ihm Steuerfreiheit zugesichert. Wir sehen also, dass derlei bekannte Machenschaften auf eine lange Tradition zurückblicken und gewissermaßen der Brauchtumspflege zuzurechnen sind.

Der künftige Landesfürst war nun symbolisch in den Kreis der Edlinger aufgenommen. Im praktischen Leben bedeutete dies, dass die wehrhaften Bauern sich dem Kommando des neuen Herzogs unterstellten. Weiter ging es in die nahe gelegene Kirche zu Maria Saal, wo ein Festgottesdienst stattfand. Gab es auch von göttlicher Seite keine Einwände gegen den neuen Herrscher, begab man sich zur dritten und letzten Station des Festaktes, dem Herzogstuhl. Der Herzog nahm Platz und versicherte dem begüterten Adel, dass deren bisherige Rechte nicht angetastet würden. Als das geklärt war, nutzte man die Zusammenkunft, um allfällige juristische Fragen zu erörtern. Denn der Herzog war mit der Einnahme seines Platzes auf dem Herzogstuhl oberste Rechtsinstanz des landesfürstlichen Besitzes. Letztendlich verteilte der Herzog die Lehen – er verpachtete also frei gewordene Ländereien aus seinem Besitz.

Die Habsburger, in Kärnten seit 1335 an der Macht, konnten sich für das Ritual nie recht erwärmen, im Gegenteil, sie fanden es eher lächerlich. Ernst der Eiserne war 1414 der letzte Habsburger, der sich am Fürstenstein den Fragen des Herzogbauern stellte. Von diesem Zeitpunkt an bis zur Mitte des 17. Jahrhunderts wurde die Einsetzung nur noch auf dem Herzogstuhl abgehalten, danach wurde sie endgültig ins Klagenfurter Landhaus verlegt.

SPURENSUCHE

In allen Kärntner Städten lohnt sich eine Altstadtwanderung. Zur Orientierung sind die in den Informationsstellen erhältlichen Übersichtskarten hilfreich, einige Städte bieten geführte Touren an. Besonders sehenswert ist Friesach mit der gut erhaltenen Stadtmauer, dem Stadtgraben und den imposanten Ruinen auf dem Virgilien- und Petersberg.

Von den zahlreichen Burgen unseres Landes seien hier nur die zwei Ruinen erwähnt, die im Text vorkommen: Burg Federaun erreicht man von Oberfederaun in einem 20-minütigen Fußmarsch entlang markierter Wege. Zur Ruine Strassfried kommt man nur weglos. Der einfachste Aufstieg beginnt am kleinen Parkplatz an der Westseite des Burghügels.

Den Fürstenstein findet man im Wappensaal des Klagenfurter Landhauses. An der Nordwand des Saales hat der bedeutende Kärntner Barockmaler Josef Ferdinand Fromiller die Herzogseinsetzung am Fürstenstein bildlich festgehalten. Das Fresko vis-à-vis zeigt die Übergabe der Klagenfurter Schenkungsurkunde an die Kärntner Stände.

Der Herzogstuhl steht seit eh und je an seinem Platz auf dem Zollfeld (direkt an der Schnellstraße zwischen Klagenfurt und St. Veit, Ausfahrt Maria Saal).

Zwei unheilvolle Jahrhunderte

Hunger, Naturkatastrophen, Judenverfolgung

1300 – 1500

*„Anno domini 1300 und in dem 48 jar an sand Paulus tag,
als er becbert wart, do cbom ein erdpidem überal in der werlt
aber besunderlicb waz er ze Cbärnten und in Cbrain als groz,
daz Villacb dy stat, purcbmaur, cbloster und cbircben
und all maur und türn uncz an 11 zinne auf di erde vielen,
und das sicb das ertreicb enmitten in der stat enzway spielt
und ein wasser daraus ran recbt als der swebel und prast
wider in dy löcber in das ertreicb.*

*Und die perg vielen zesamme in die teler,
das sicb das wasser verswelt, das es verdirbt
lant und läut und gut 10 meil lancb."*

(Heinreich der Sterner und Stockcher,
Prager Kaufleute und Augenzeugen des Erdbebens 1348)

Er wird wohl wie jeder andere Wintertag begonnen haben, jener 25. Jänner 1348. Doch viele Villacher haben die Sonne, die zur Mittagsstunde am Himmel stand, an diesem Tag nicht mehr untergehen sehen. Niemand konnte ahnen, welche Katastrophe sich unter ihren Füßen zusammenbraute. Und als der Boden zu rumoren begann, tat er es von Beginn an mit voller Wucht. Eine gewaltige Bebenwelle, die in Friaul ihren Ausgang nahm, legte die Draustadt kurz nach Mittag in Schutt und Asche: „Drei Ave Maria und drei Paternoster" lang stand die Erde offen, einen kurzen Moment nur, in dem eine nie zuvor gesehene Urgewalt die ganze Stadt zum Einsturz brachte. Hunderte Menschen fanden in jenen 63 Sekunden den Tod. Viele von ihnen übrigens in der alten Jakobskirche, in die sie sich vielleicht – Schutz von oben erhoffend – nach den ersten Erschütterungen zurückgezogen hatten. Oder sie wurden während des Gottesdienstes überrascht, wie es eine Chronik aus Bozen vermuten lässt.

Die zur damaligen Zeit größtenteils aus Holz gezimmerten Wohnstätten und Häuser wären für die betenden Villacher möglicherweise ein besserer Schutz gewesen als der steinerne Sakralbau, doch eben nur für die besagten Sekunden lang. Denn ein in der Stadtmitte aufkommender Großbrand zerstörte kurze Zeit später alles, was nach dem Beben von Villach übrig war. Die Stadt, die eben erst ihren einhundertsten Geburtstag gefeiert hatte, lag in Trümmern.

Wenige Kilometer die Gail flussaufwärts ereignete sich fast zeitgleich die nächste Katastrophe: Ausgelöst durch die starken Erschütterungen, rutschte die Südwand des Dobratsch aus rund 1500 Metern Seehöhe donnernd zu Tal. „*... de berghe worpen grote stene van sik*“, protokollierte Detmar von Lübeck. 30 Millionen Kubikmeter Geröll verteilten sich 1000 Meter tiefer über das untere Gailtal. Die Gesteinslawine schob sich 2 Kilometer weit ins Talbecken und bildete eine Schutthalde, die der ortskundigen Bevölkerung heute als *Steinernes Meer* geläufig ist. Die Gail – durch das Geröll ihres Abflusses beraubt – staute sich bald zu einem 3 Kilometer langen See auf, der eine Tiefe von bis zu 15 Metern erreichte. Bis ins 18. Jahrhundert, also rund 400 Jahre, wird es dauern, bis auch der letzte Rest des 2 Quadratkilometer großen Sees wieder von der Bildfläche verschwindet. Die beiden Ortschaften St. Johann und Pruck, die sich einst zwischen Förk und Hohenthurn befanden, wurden durch die Naturkatastrophe für immer von der Landkarte gelöscht.

Auch auf den Wehrhügeln der Umgebung blieb stellenweise kein Stein auf dem anderen: So manche Burg der näheren Umgebung verzeichnete schwere Schäden. Die Geologin und Historikerin Christa Hammerl, die sich im Rahmen ihrer Dissertation jahrelang mit dem Bergsturz von 1348 befasst hat, spricht von 11 Burgen, für die es Schadensmeldungen aus jener Zeit gibt. Das hört sich weit weniger dramatisch an als jene 36 Burgen aus den Schilderungen der beiden eingangs zitierten Kaufleute aus Prag, soll aber nicht über die Tatsache hinwegtäuschen, dass es ordentlich krachte. Besonders auf den nahe gelegenen Burgen Federaun und Wasserleonburg waren nach dem Beben umfangreiche Renovierungsarbeiten notwendig.

Die Zahl der betroffenen Herrschaftssitze schwankt je nach Quelle erheblich, ebenso die Anzahl der verschütteten Siedlungen. Sie wurde noch bis vor Kurzem viel höher angesetzt, als sie tatsächlich war. 17 Dörfer sollen es gewesen sein, wie eine Sage seit Jahrhunderten glaubhaft versichern will. Noch im 19. Jahrhundert fand das Zahlenspiel eine farbenfrohe Fortsetzung, als in einem Geschichtsbuch zusätzlich zu den 17 – inzwischen erstaunlicherweise sogar namentlich bekannten – Orten weitere 10 Dörfer für immer in den Fluten der aufgestauten Gail verschwanden. Einzelne zeitgenössische Berichte ließen sogar über 30 Orte untergehen. Doch in den Quellen greifen Dichtung und Wahrheit oft ineinander, wie Wilhelm Neumann, verdienter Stadthistoriker und -archivar, bereits Mitte der 1950er-Jahre nachwies: Alles ein Überlieferungsfehler, gemischt mit fantasievoller Poesie, so sein Resümee. Unter der Schütt, soviel ist sicher, liegt kein einziger Ort begraben. Auch die eingangs erwähnten Orte St. Johann und Pruck verschwanden nicht plötzlich unter einer Steinlawine, sondern wurden wegen des veränderten Grundwasserspiegels aufgegeben – im Falle von St. Johann überhaupt erst 16 Jahre später.

Blicken wir zunächst ein paar Jahre zurück. Das 14. Jahrhundert gestaltete sich für die Menschen schon von Beginn an nicht wirklich gut. Als im Jahre 1309 über ganz Europa ein besonders langer und strenger Winter hereinbrach, und darüber hinaus der darauffolgende Sommer außergewöhnlich regenreich war, konnten die Menschen nicht ahnen, dass es mit den nachfolgenden Überschwemmungen noch lange nicht getan war. Das anhaltend schlechte Wetter zog bereits 1310 eine Missernte nach sich. Die wenigen Körner, die eingebracht werden konnten, waren zudem von schlechter Qualität. Damals spielte eine gute Ernte etwa den dreifachen Ertrag des

Mittelalterliche Darstellung der Heuschreckenplage

Saatgutes ein. War die Ernte schlecht, konnte der Erlös auch nur das Doppelte der eingesetzten Körner ausmachen. Nachdem die Menschen nichtsdestotrotz von irgendetwas leben müssen, stand daher bereits im Folgejahr nur wenig, dazu noch äußerst minderwertiges, Saatgut zur Verfügung. Selbst bei einem sehr guten Erntejahr 1310 war daher zu befürchten, dass die Ausbeute unterm Strich nicht besonders hoch sein würde. Und tatsächlich. Doch es kam noch schlimmer, die Schlechtwetterperiode hielt neun weitere Jahre an. Als sich die Lage 1318 besserte, blieb in weiten Teilen Europas eine Bevölkerung zurück, die fast ein Jahrzehnt lang von Hungersnöten gebeutelt wurde. Um den täglichen Bedarf zu stillen, streckte man das Brot mit Wurzeln und Gräsern, fallweise mit Tollkirschen oder Hanf. Tranceartige Zustände waren oft die Folge, und auch schwere Vergiftungen. Die Trance ging, der Hunger blieb: In den dichter besiedelten Gegenden starb in diesen Jahren beinahe ein Fünftel der Bevölkerung.

Im Sommer 1338 folgte das nächste Unheil, diesmal in Form einer Heuschreckenplage: Konrad von Megenberg, ein zeitgenössischer Naturwissenschafter, berichtet von riesigen Schwärmen, die von Ungarn bis an den Rhein vordrangen. Über weite Teile Mitteleuropas zogen Milliarden Insekten, die sich zu pechschwarzen Wolken verdichteten und sogar die Sonne verdunkelten. Einmal mehr sahen die Menschen ihre letzte Stunde gekommen, stellen die Wanderheuschrecken doch eine der zehn biblischen Plagen des Alten Testaments dar. Kaiser Karl IV., in dessen Amtszeit sich das Unheil zutrug, schrieb in sein Tagebuch, dass ihn seine eingeschüchterte Dienerschaft dazumal mit den Worten weckte: *„Herr, steht auf, der jüngste Tag bricht an, denn die ganze Welt ist voller Heuschrecken!"*

Den Sommer über fraßen sich die Viecher quer durch das Land und vernichteten die gesamte Ernte. Jeden Morgen, kurz nachdem die taunassen Flügel trocken waren, ging das große Fressen von vorne los und endete erst als die Nacht hereinbrach. Die Biester verschwanden im Spätherbst wieder, als es ihnen in unseren Breiten zu kalt wurde. Doch sie kehrten in den folgenden drei Jahren jeden Sommer zurück. Erst 1342 hört und sieht man nichts mehr von ihnen. Vielleicht zeigte das bewundernswerte Engagement eines Südtiroler Pfarrers endlich Wirkung, der die Heuschrecken kurzerhand mit einem Kirchenbann belegte und im Namen der Dreifaltigkeit höflich, aber bestimmt, des Landes verwies.

Als wenige Jahrzehnte später die Pest von Vorderasien auf Europa übergriff, hatte sie in den Reihen der ohnehin geschwächten Bevölkerung leichtes Spiel. Dazu ein paar Zahlen: Der Kontinent hatte zu jener Zeit ungefähr 100 Millionen Einwohner, davon lebten im heutigen Österreich etwa 1,5 Millionen. Europaweit forderte die Seuche 25 Millionen Opfer. In unserer Region überlebte ein Drittel der Menschen die Pandemie nicht, wobei die Opferzahlen in den Städten deutlich höher waren als in den dünner besiedelten Regionen. Die Einwohnerzahlen der Städte sind allerdings mit den heutigen nicht vergleichbar – in Wien, der größten Stadt des Landes, lebten etwa 20 000 Menschen, in Villach um die 2 500. In den

Jahren 1348/49, als der Schwarze Tod umging, hatte eine halbe Million Österreicher ihr Leben verloren.

Das große Sterben, damals *magna mortalitas* genannt, kam ohne Vorwarnung. Es waren Pelzhändler, die mit ihrer Schiffsfracht – hauptsächlich Felle verschiedener Nagetiere – die unheilvollen Pestflöhe in den Mittelmeerraum brachten. Die mit Bakterien verseuchten Tiere bissen zuerst in den Hafenstädten, ab 1347 auch im Landesinneren Italiens ihre ersten Opfer. Ein Jahr später, also wenige Monate nach dem folgenreichen Erdbeben, erreichte die Pestwelle Kärnten. Das war Ende Juni 1348.

Die Menschen bemerkten nicht sofort, was sich in ihren Körpern abspielte. Erst nach einigen Tagen in der Blutbahn seiner Opfer entfaltete der Erreger seine Wirkung. Übelkeit, starkes Schwitzen, Kopf- und Gelenksschmerzen ließen den Ausbruch der Krankheit erkennen. Bald bildeten sich erste Geschwülste in den Achselhöhlen, in der Leistengegend oder den Ellenbogen aus. Neben diesen zwetschkengroßen Beulen war der ganze Körper mit kleinen blauschwarzen Flecken übersät. Die Schmerzen waren inzwischen so unerträglich, dass sie viele Menschen in den Selbstmord trieben. Wer jedoch diese kritische Phase überstand, konnte aufatmen: die Beulen platzten auf und gaben eine grüne, übel riechende Flüssigkeit ab. Der Kranke durfte im Falle der Beulenpest auf Genesung hoffen. Doch nur jeder fünfte Infizierte hatte dieses Glück. Die Lungenpest hingegen raffte fast jeden dahin. Nach drei Tagen war der Körper mit Blasen übersäht, und es bildeten sich Geschwüre auf den ausgetrockneten Geschlechtsteilen. Der Tod erfolgte durch qualvolles, langsames Ersticken.

Das Göttliche Strafgericht fand also mitten in Kärnten statt. Diese Schlussfolgerung ist den gläubigen Menschen des 14. Jahrhunderts nicht zu verdenken: das folgenreiche Erdbeben war noch nicht vergessen und schon folgte die nächste Katastrophe. Konrad von Megenberg, den wir als Heuschreckenbeobachter kennengelernt haben, sieht die Pest gar als unmittelbare Folge des Bebens. Böse Dämpfe aus dem Erdinneren, die ohne die Erschütterungen gar nicht freigesetzt geworden wären, seien für den Ausbruch der Krankheit verantwortlich, schlussfolgerte er. Andere wiederum machten eine äußerst ungünstige Sternenkonstellation für das Unheil verantwortlich. Und das sündhafte, ausschweifende Leben der Menschen trug sowieso sein Scherflein zur Situation bei. Doch die Diener Gottes blieben ebenso wenig verschont, im Gegenteil: durch das Zusammenleben auf engem Raum kam es in den Klöstern zu besonders hohen Opferzahlen. Oft teilten sich mehrere Mönche einen Schlafsaal, was dem Verbreiten der ansteckenden Viren Vorschub leistete. Natürlich barg auch die seelsorgerische Tätigkeit unter diesen Umständen ein gewisses Berufsrisiko. Die Erteilung der Sterbesakramente oder die Verabschiedung der Opfer war mit einer hohen Ansteckungsgefahr verbunden. Dieses Los teilte man mit den Ärzten. Beiden Berufsgruppen wurde geraten, den Patienten nur mit der richtigen Ausrüstung nahezukommen: *„Einen mit Essig getränkten Schwamm halte er sich bei warmer Jahreszeit vor die Nase. Bei kalter soll er aber Weinraute und Kümmel in der Hand halten, und ständig an die Nase führen, er hüte sich vor dem Anhauch des Kranken"*, empfahl ein Mediziner allen, die direkt am Krankenbett zu tun hatten.

Nicht nur vor dem Klerus, auch vor sozialen Grenzen machte die Pest nicht halt. Arm und Reich waren gleichermaßen betroffen, weshalb viele begüterte Herrschaften ihr Heil in der Flucht aus der Stadt suchten. Glücklich waren jene, die ein Häuschen am Land hatten. So hielt sich beispielsweise der Habsburger Albrecht II., der während der Pest bereits mit Kärnten belehnt war, gerne auf seinem Landsitz auf. Womit sich die gleichmäßige Betroffenheit aller Schichten wieder relativiert: Selbstverständlich war die Ansteckungsgefahr in den dichter besiedelten Armenvierteln der Städte ungleich höher als in einem abgeschiedenen Schloss.

Die Menschen, und dabei auch die Ärzte, standen der Krankheit völlig hilflos gegenüber, zumal sie nicht wussten, wie sie überhaupt übertragen wird. Heute ist bekannt, dass die schwarzen Punkte auf dem Körper von Flohbissen herrührten, wodurch die Krankheitserreger der Beulenpest in die Blutbahn gelangten. Die Lungenpest hingegen übertrug sich auch direkt von Mensch zu Mensch – durch Tröpfcheninfektion. Damit war die Vermutung, dass sich die Krankheit durch „verpestete" Luft überträgt, nicht so abwegig. Es galt also, den schlechten Dämpfen den Kampf anzusagen, und dafür waren alle Mittel recht. Manche Leute hielten sich einen Ziegenbock im Haus, da sie hofften, mit dem Gestank des Tieres alle bösen Gerüche in Schach zu halten. Andere wiederum waren noch pragmatischer – sie gaben warmem, frisch gebackenem Brot den Vorzug, dem nachgesagt wurde, die giftigen Dämpfe besonders gut zu binden. Man trieb Kühe und Pferde durch die Gassen, die mit ihrem Atemhauch die Luft reinigten. Die Kirche empfahl, auf sündiges Treiben wie Glücksspiele, Sonntagsarbeit, Fluchen und Schwören am besten ganz zu verzichten und stattdessen zu beten und zu fasten.

Die Menschen merkten allerdings bald, dass es mit Beten allein nicht getan war. Umso hoffnungsfroher hielten sie nach tatkräftigeren Alternativen Ausschau, mit denen sie der Pest beikommen könnten. Im September 1348 tauchten in Kärnten erstmals Menschen auf, die mit eigenartigen Hüten, in Zweierreihen und halb nackt durch die Straßen zogen. Den Prozessionszügen der sogenannten Flagellanten war die Aufmerksamkeit ihrer Zeitgenossen stets gewiss, wenn sie sich selbst bis aufs Blut mit Knotenpeitschen geißelnd an ihnen vorbeizogen. Mit erhobenen Kerzen und unter Glockengeläute marschierten sie hinter einem Fahnenträger durch den Ort. Vor der Kirche ließen sie sich unter dem Gesang eigener Geißlerlieder auf die Erde fallen, während ihr Meister das drohende Weltgericht beschwor.

Nach der Predigt fuhren sie damit fort, sich auszupeitschen, bis die blau geschwollenen Striemen platzten und ihr Blut auf den Boden floss. Mit dieser Form der Selbstbestrafung hofften sie, Gottes Zorn zu mildern und ein baldiges Ende der Pest herbeizuführen. Menschen aller sozialen Schichten hatten sich bereits der Bewegung angeschlossen, um für 33 $^{1}/_{2}$ Tage – angelehnt an die Lebensjahre Jesus Christus' – im ganzen Land umherzuziehen. Nie blieben sie länger als eine Nacht an einem Ort, denn es gehörte zur Buße, stets ein Fremder an einem fremden Ort zu sein. Dabei waren die Motive der Leute höchst unterschiedlich: manch einer erhoffte sich Gottesnähe, andere marschierten einfach mit, weil da und dort eine Spende für sie abfiel. Wieder andere glaubten, dass sie, wenn sie sich nur lange genug geißelten, irgendwann selbst Wunder vollbringen könnten. Doch allen war gemein, dass sie ganz fest an ein Ende der Seuche glaubten.

Den Kirchenleuten war die Sache gar nicht recht, sahen sie doch in den Flagellanten eine unmittelbare Konkurrenz, die ihnen ihre Schäfchen – und nicht zuletzt deren Spendengelder – entzog. Spätestens als die Geißlermeister damit begannen, den Menschen die Beichte abzunehmen und ihre Sünden zu vergeben, war klar, dass man dem Hokuspokus ein Ende bereiten müsste. Noch dazu, wo unter den Wanderpredigern nur Laien am Werk waren (denen sich später einige Geistliche anschlossen). Und bei den Geißlerprozessionen lag immer

Geißeln die Menschheit – Flagellanten

auch der Vorwurf in der Luft, dass die Kirche bei all den Naturkatastrophen der vorangegangenen Jahre keine große Hilfe gewesen war. Und das war schlecht fürs Image. Die öffentliche Meinung änderte sich jedoch rasch, als sich herausstellte, dass die Selbstgeißler nicht viel mehr zuwege brachten. Auch sie konnten die Pest nicht abwenden. Wahrscheinlich ist, dass die umherziehenden Geißler selbst einen Teil zu ihrer Verbreitung beigetragen haben. Und so verschwand der kuriose Spuk genauso schnell wie er gekommen war. In Österreich hatte er etwa ein halbes Jahr gedauert.

Neben all den merkwürdigen bis dramatischen Vorkommnissen hatte die Seuche große Auswirkungen auf die Bevölkerungsstruktur des Landes. Lange Zeit glaubte man, die Pest habe insbesondere im Gebirge erbarmungslos gewütet, denn die Berge waren wie leer gefegt. Wie konnte sich die Pest ausgerechnet in den dünn besiedelten Gebieten derart problemlos ausbreiten? Heute weiß man: Die Pest war am Bevölkerungsschwund in den Alpen nur mittelbar schuld. Die massive Bevölkerungsreduktion insgesamt führte dazu, dass die Menschen aus abgeschiedenen Gegenden in die Zentren zogen. Durch den großen Verlust an Arbeitskräften stieg das Lohnniveau in bisher nicht gekannte Höhen, sodass manche Historiker sogar vom „Goldenen Zeitalter der Lohnarbeit" sprechen. Zudem lockten die Städte mit Steuerfreiheit und diversen anderen Vergünstigungen, beispielsweise einem vereinfachten Weg zum Bürgerstatus. Man brauchte frisches Blut, um das Leben in der Stadt aufrechtzuerhalten. Und natürlich sollten die Steuern wieder fließen, denn weniger Stadtbewohner bedeuteten weniger Einnahmen für die Stadtherren. Etwas Bargeld zu Hause zu haben ist nie schlecht, nachdem die Bischöfe zu dieser Zeit das Geschäft mit der Villacher Maut an ein Konsortium steirischer Juden verpachtet hatten. Maßnahmen wie diese fielen bei den unterschiedlichsten Gesellschaftsschichten auf fruchtbaren Boden. So lockten sie beispielsweise die Familie der Khevenhüller aus Oberbayern nach Villach. Das Adelsgeschlecht, das sich in den kommenden zwei Jahrhunderten zu einem der einflussreichsten Häuser Kärntens entwickeln sollte, legte den Grundstein für seinen Aufstieg Ende des 14. Jahrhunderts in der Draustadt.

Als Folge des Bevölkerungsschwundes auf dem Lande blieben die Äcker und Wälder in weiten Gegenden Kärntens unbewirtschaftet. „Die Menschen starben, die Güter blieben", wie der Historiker Othmar Pickl resümierte. Zwei von drei Bauernhöfen standen leer, als zu Ostern 1349 in Kärnten das Schlimmste überstanden war. Innerhalb kürzester Zeit hat sich der Immobilienmarkt völlig gedreht: Während in den letzten Jahrzehnten die Nachfrage nach Ländereien ständig gestiegen war, mussten die Edelleute nun um ihre Bauern werben. Denn für die Grundbesitzer, also den Adel und die Kirche, bedeutete jede leerstehende Hube einen spürbaren Verlust an Einnahmen. Und da der Adel sein Einkommen fast ausschließlich aus den Grundrenten seiner Untertanen bezog, hatte sich seine Situation durch die Pest ebenfalls spürbar verschlechtert.

Es blieb ihnen trotzdem nichts anderes übrig, als sich den Gesetzen von Angebot und Nachfrage zu unterwerfen und ihre Liegenschaften attraktiver anzubieten. Das hieß für die Bauern: weniger Zins (in manchen Fällen ein völliger Verzicht über mehrere Jahre), weniger Frondienste und wohl auch einen etwas pfleglicheren Umgang. Trotzdem verwaisten viele der Höfe, und ganze Dörfer starben aus. Im Besitzbuch des Stiftes St. Paul wurde über 20 Jahre später festgehalten, dass man für einzelne verödete Ländereien noch immer *„nymant vinden chan"*, der die Bewirtschaftung fortsetzen wollte. Und auch der Abt von Viktring beklagt sich über Personalmangel. In Klagenfurt zu leben, erschien den Menschen offenbar attraktiver, als den Mönchen dabei zu helfen, ihre Felder zu bewirtschaften. Andere Klöster Kärntens hatten vermutlich ähnliche Sorgen, denn das konkurrierende Nebeneinander von Stadt und Kloster traf hierzulande auf Arnoldstein (Villach), Eberndorf (Völkermarkt), Millstatt (Gmünd) oder St. Paul (St. Andrä) ebenso zu.

Kurzum, für die Menschen auf dem Land bot der Bevölkerungsrückgang eine Chance, die eigene Situation zu verbessern. Durch Zusammenlegungen von frei gewordenen Hofeinheiten verbesserte sich für so manchen das Haushaltseinkommen. Landarbeiter, die es bisher nicht zu einem eigenen Gehöft geschafft hatten, sahen sich nun vor der Gelegenheit zum sozialen Aufstieg. Für den Alpenforscher Werner Bätzing stellte diese Zeit eine der wichtigsten Zäsuren für die mittelalterliche Landwirtschaft dar. Und da die Strukturen, die sich in jenen Jahrzehnten herausbildeten, für Jahrhunderte unverändert blieben, endet für ihn das ländliche Mittelalter tatsächlich erst Mitte des 19. Jahrhunderts – im Zuge der fortschreitenden Industrialisierung.

Als die erste Hälfte des 14. Jahrhunderts vorüber war, blickte jener Teil der Bevölkerung, der die schlimmen Jahre überlebt hatte, auf eine Abfolge von Naturkatastrophen zurück, die in einer todbringenden Seuche gipfelten. An so viel Leid musste jemand schuld sein, und so bündelten sich die Rachegelüste der Menschen einmal mehr im Hass gegenüber der jüdischen Bevölkerung. Ein zentraler Vorwurf lautete, die Juden hätten Brunnen und Quellen vergiftet, um die Anhänger des Christentums auszurotten. Und es lag allzu nahe, ihnen auch gleich die Verbreitung der Pest in die Schuhe zu schieben. Eine weitere Anschuldigung lautete, Juden würden christliche Knaben abschlachten, um deren Blut bei diversen Ritualen zu verwenden. Der Hass in der Bevölkerung stieg so sehr, dass er sich 1349 in mehreren Pogromen entlud.

Juden treten in Kärnten seit dem 13. Jahrhundert vor allem als wichtige Geldgeber der geistlichen und weltlichen Oberschicht in Erscheinung. Ihre Anwesenheit dürfte aber deutlich weiter zurückreichen, wie unter anderem der einstige Name Völkermarkts vermuten lässt, der zu Beginn des 12. Jahrhunderts noch *Judenmarkt* lautete. Entlang der wichtigsten Verkehrsadern entstanden bald in Villach, St. Veit und Friesach weitere jüdische Handelsniederlassungen, später folgten Stützpunkte in Klagenfurt und Straßburg. Bald jedoch verlagerten die Kaufleute den Schwerpunkt ihrer Tätigkeiten ins Geldgeschäft. Bei den Edelleuten waren sie gern gesehene Kapitalbringer, die nebenbei viel Geld in Form von Steuern im Lande ließen.

Doch nicht nur die Landesherren nahmen ihre Finanzdienstleistungen in Anspruch, im 13. und 14. Jahrhundert waren offenbar alle Schichten der Kärntner Bevölkerung auf jüdische Kredite angewiesen. Es liegt wohl in der Natur der Sache, dass vor allem von den großen Transaktionen – und im 14. Jahrhundert ging es tatsächlich um hohe Summen – mehrere Urkunden die Jahrhunderte überdauerten und uns erhalten geblieben sind.

So wissen wir vom Gurker Bischof Paul II., dass er aufgrund seines ausschweifenden Lebensstils meist knapp bei Kasse war. Als es wieder einmal so weit war, versetzte er kurzerhand seinen Hirtenstab, um an Geld zu kommen. Den größten Schuldenberg häuften allerdings die Bamberger Fürstbischöfe an. Ihre ebenso wenig bescheidene Hofhaltung trug ihren Anteil bei, dazu kamen die hohen Verteidigungskosten, die den Bambergern durch die laufenden Angriffe der umliegenden Herrschaftshäuser der Raser, Cillier oder Auffensteiner erwuchsen. Die Schuldenspirale mündete letztendlich darin, dass sich der Bischof gezwungen sah, die ertragreiche Maut an das jüdische Schuldnerkonsortium zu verpfänden. Manchmal jedoch diente das Fremdkapital einfach nur der Erweiterung des Landesbesitzes: Als der Salzburger Erzbischof Konrad IV. sich Ende des 13. Jahrhunderts anschickte, das Gasteiner Tal zu kaufen, holte er sich das Geld dafür bei Atschim und Jakob, zwei Geldverleihern aus Regensburg.

Das Geldgeschäft des 14. Jahrhunderts war also ausschließlich in jüdischer Hand. Handel trieben Juden später ohnehin nur mehr, wenn es ihr Hauptgeschäft erforderlich machte. Das war beispielsweise der Fall, wenn ein Schuldner seinen Kredit nicht zurückzahlen konnte und deshalb sein Haus verlor. Oder wenn ein Pfandschuldner nicht mehr zurückkam, um sein Pfand auszulösen. So erging es auch dem Marburger Juden Jakob, der vom Klagenfurter Holzhändler Kriechbaum gezählte 16 000 Lärchenstangen als Pfand nahm. Solche Hölzer kamen meist in den Weingärten zum Einsatz. Kriechbaum mag hier eine einfache Gelegenheit gesehen haben, mit einem Schlage alle seine Stangen an den Mann zu bringen und machte sich mit dem erhaltenen Pfandgeld aus dem Staub. Wir wissen heute nicht, wie die Sache ausging, jedenfalls hatte ein Marburger Bankier mit Sicherheit für eine Weile den größten Vorrat an Lärchenstangen in der Stadt.

Auch am Geldmarkt hatten Juden ihren Anteil. In Friesach beispielsweise begleitete eine der ersten und größten Judengemeinden Kärntens den Aufstieg der Stadt von Anfang an und war an der Silbergewinnung sowie der daraus folgenden Münzprägung beteiligt. Die jüdischen Bürger waren als Finanzfachleute in den Bistümern gefragt. So übertrug ihnen der Landesfürst in seinen Städten die Münzprägung und das Recht, die Maut einzuheben. Da sich ihr Netzwerk über den halben Kontinent spannte, ist es den Juden zuzuschreiben, dass heimische Währungen wie der Friesacher Pfennig sogar in Ungarn in Gebrauch waren.

Doch das Blatt wendete sich, und so manch harmlose Schnurre soll nicht darüber hinwegtäuschen, dass die jüdische Bevölkerung niemals eine soziale Integration erfuhr – sie waren anfangs respektierte, später im besten Fall geduldete, und im wiederholten Falle verfolgte Außenseiter. Von der Kirche ausgegrenzt, war ihnen, den „Mördern des Messias“, eine religiös motivierte Ablehnung sicher. Schon im 14. Jahrhundert kam es, wie oben bereits angesprochen, im Kärntner Raum immer wieder zu tödlichen Hetzen. Die jüdische Gemeinde Wolfsbergs wurde dabei in den Jahren 1338 bzw. 1349 beinahe zur Gänze ausgelöscht. Meist war es das einfache Volk, das die Stimmung gegen die jüdischen Mitbürger anfachte – teils aus religiösen Gründen, teils sicher auch, um so einer Kreditrückzahlung zu entgehen. Anfangs wurden die jüdischen Gemeinden noch von ihren Landes- oder Stadtherren in Schutz genommen, die sich für die Schutzherrschaft durchaus ordentlich bezahlen ließen. Von den Zinsen, die die adeligen Kreditnehmer für ihre Kredite zu entrichten hatten, floss so ein guter Teil wieder an sie zurück. Doch als gegen Ende des 14. Jahrhunderts die wirtschaftliche Bedeutung der jüdischen Geldverleiher abzunehmen begann, ließ die Bereitschaft der Obrigkeit nach, sich für die Juden ins Zeug zu werfen. Man benötigte

Eine Skulptur verdeutlicht die Ausmaße des Felssturzes von 1348 – Dobratsch.

Der Dobratsch, wie er seit 1348 aussieht.

*Hier und nicht am Gailufer verschwanden 17 Dörfer –
Klosterruine Arnoldstein.*

Feudales Wohnen – Burg Sommeregg

Schleuderkugeln in einer Hausfassade – Hauptplatz Gmünd

Wacht heute noch über Gmünd – die alte Burg.

Wo Paolo Santonino speiste – Burg Finkenstein.

Als es in allen Ecken des Landes rauchte –
reiche Eisenvorkommen in den Nockbergen.

Der Kaiser schenkt den Ständen eine Stadt –
das Klagenfurter Landhaus.

Eine Spielkarte im Inneren enttarnte den Jüngling vom Magdalensberg als neuzeitliche Kopie.

Die Ofensau – knapp 4 Tonnen wiegt dieser Eisenerzrest aus dem Hochofen.

Mit der Entstehung der Ständestadt Klagenfurt zur heutigen Form ausgebaut – Burg Hochosterwitz.

Renaissance im Lavanttal –
Fenster am Hauptplatz Bad St. Leonhard, datiert 1638.

ihre Dienste nicht mehr, und daher sah man auch keinen Vorteil darin, etwaige Privilegien aufrechtzuerhalten.

Die (christliche) Oberschicht begann etwa zu dieser Zeit, sich untereinander mit Krediten auszuhelfen. Da das jüdische Kapital bei den großen Geschäften nicht mehr benötigt wurde, verlagerten die Bankiers ihr Angebot auf Kleinkredite und Pfandleihen – ein weitaus weniger einträgliches Geschäft, das zudem mit größerem Risiko verbunden war. Die geringeren Umsätze zogen naturgemäß eine deutlich gesunkene Steuerleistung nach sich, sodass sich die Landesherren zunehmend auf die Seite der Stände schlugen, denen die Juden ohnehin ein Dorn im Auge waren. Immer mehr Juden verließen die Städte, meist Richtung Wien. Die Stimmung wurde zusehends polemischer und mündete 1496 in der Ausweisung aller Juden aus Kärnten. Doch zu diesem Zeitpunkt waren ohnehin nur mehr höchstens hundert im Land.

SPURENSUCHE

Den Folgen des Dobratsch-Bergsturzes lässt sich am besten bei einem Spaziergang von Oberschütt zum Almgasthaus Schütt nachspüren. Ein ebener Wanderweg führt am Gailufer unter der Abbruchkante – der sogenannten „Roten Wand" – vorbei. Der Retourweg vom Almgasthaus nach Oberschütt verläuft auf der anderen Seite der Gail mitten durchs „Steinerne Meer". Die gesamte Runde dauert zwei Stunden. Alternativ lässt sich die Rote Wand auch von der Villacher Alpenstraße aus einsehen. Hier wurde auf Höhe der oberen Abbruchkante eine Aussichtsplattform eingerichtet (Hinweisschild/Parkplatz „Rote Wand").

Auf der Klosterburg Arnoldstein entstand jene irreführende Niederschrift, die unter dem Dobratsch-Bergsturz 17 Dörfer verschwinden ließ. Ende des 19. Jahrhunderts brannte das Kloster nieder. Seit zwei Jahrzehnten bemüht sich ein Revitalisierungsverein um die Erhaltung der Ruine. Das gut erhaltene Innenleben wurde inzwischen von 15 000 Kubikmetern Erdreich befreit und kann nun wieder besichtigt werden.

Im Osten nichts Neues

Einmal mehr stürmen Reiterkrieger das Land

1470 – 1550

Die letzten Jahrzehnte des 15. Jahrhunderts brachten erneut schwere Zeiten für die Bevölkerung Kärntens. Im Mittelpunkt dieser Jahre stehen fünf Überfälle türkischer Reiterscharen in den Jahren 1473 bis 1483. Die osmanischen Reiter, denen es 1453 gelang, das Oströmische Reich in die Knie zu zwingen, waren seit der Eroberung Konstantinopels sengend und brennend in ganz Europa unterwegs. Bereits in den Jahren vor 1473 verschlug es sie mehrmals nahe an die Südgrenze Kärntens. Äußerst bewegliche Reiterheere, gepaart mit rücksichtsloser Gewalt, sorgten im ganzen Lande schon im Vorfeld für Angst und Schrecken. Darüber hinaus sagte man ihnen nach, ihre Raubzüge mit großer Sorgfalt zu planen. Ortskundige Einheimische wurden bestochen und mit ihrer Hilfe die Gegend penibel ausgekundschaftet. Wenn die Reiter dann ausscherten, waren präzise Landkarten mit dabei. Die Janitscharen, so der Name der ausgebildeten Reiterkrieger, zogen in mehreren Gruppen durchs Land, die sich am Abend an einem vereinbarten Ort wieder trafen. Und ihr Auftritt war beeindruckend: Jakob Unrest, jener Techelsberger Pfarrer, der die Ereignisse seiner Zeit niederschrieb und so für uns nachvollziehbar machte, berichtet von Aufgeboten mit bis zu 20 000 Reitern.

Flüsse und Berge waren für die Pferde kein Hindernis. Sie waren ausgezeichnete Schwimmer, sodass selbst die Querung der Drau kein Problem darstellte. Auch die Gebirgswelt im Norden des Landes bereitete den Türken kein Kopfzerbrechen. Wenn sich eine Möglichkeit bot, die Strecke abzukürzen, zögerten sie nicht, schnurgerade den Weg über den Kamm zu nehmen. Wurde es doch einmal etwas steiler, banden sie die ohnehin sehr geländegängigen Pferde kurzerhand an ein Seil und ließen sie den Abhang hinunter.

Überall im Land trafen die Reiter auf eine unvorbereitete, zumeist hilflose Bevölkerung. Die an den Grenzen errichteten Steinwälle und Straßensperren erwiesen sich in den meisten Fällen als nutzlos, auch die von den Hängen losgetretenen Steinlawinen konnten die Reiterheere nicht stoppen. In den Siedlungen angekommen, machten die *„Renner und Brenner"* ihrem Namen alle Ehre – und mit ihren Opfern meist kurzen Prozess. Sie mordeten Männer, Frauen und Kinder gleichermaßen, und wer nicht durch den Krummsäbel starb, wurde vergewaltigt, versklavt, verschleppt. Nachdem die Häuser geplündert waren, steckte man sie in Brand und zog weiter.

Alle Versuche, den Heerscharen militärisch entgegenzutreten, scheiterten kläglich. Die Menschen fühlten sich vom Adel, der sich beim ersten Anzeichen einer Gefahr hinter seine Burgen- und Stadtmauern zurückgezogen hatte, im Stich gelassen. In Sachen Landesverteidigung, die ihre Aufgabe gewesen wäre, waren die Burgherren allesamt keine große Hilfe. Die einfache Bevölkerung blieb schutzlos ihrem Schicksal überlassen. Der aufkommende Zorn der Landbewohner war verständlich, lautete doch die Vereinbarung des Volkes mit der Obrigkeit: Der Bauer nährt, die Kirche lehrt – und der Adel wehrt. In der Türkenzeit versagte Letzterer aber auf ganzer Linie und blieb den Untertanen damit die Antwort auf die Frage *„Was macht ihr eigentlich genau mit unseren Steuergeldern?"* schuldig. Darauf kommen wir im nächsten Kapitel zu sprechen.

Auch die Kirchen als sichtbarster Ausdruck der christlichen Wertegemeinschaft waren den Osmanen ein Dorn im Auge. Mit brennenden Pfeilen beschossen sie die in vielen Fällen mit Holzschindeln bedeckten Gotteshäuser. Selbst Jahrhunderte später fand man auf Kirchendächern bei Reparaturarbeiten die Reste der mit Schwefelfäden umwickelten Feuerpfeile. Auf die Zivilbevölkerung, die sich oft Schutz suchend in den Kirchen verschanzt hatte, wurde dabei keine Rücksicht genommen. 1476 bahnten sich die Türken ihren Weg von Tarvis aus Richtung Kärnten, und die Menschen verbarrikadierten sich in der Kirche zu Arnoldstein. Die meisten von ihnen fanden jedoch

Heute selten zu sehen – eine Kirche mit Holzdach (Pöllan).

in den Flammen den Tod, als die Reiterkrieger das Kloster in Brand steckten. Zwei Jahre später wiederholte sich der Überfall, diesmal nahm die Bevölkerung ihr Schicksal aber selbst in die Hand. 3 000 Bauern fanden sich in Goggau ein, um sich den Plünderern in den Weg zu stellen (wobei es sich dabei nicht um die Gegend am Goggausee handelt, sondern um das heute italienische Coccau bei Tarvis). Als die Türken schließlich näher rückten, flohen viele der Bauern in die umliegenden Wälder, und es blieben nur rund 600 in kriegerischen Dingen völlig unerfahrene Männer übrig.

Es ist anzunehmen, dass dieses Häufchen die 20 000 türkischen Reiter nicht allzu lange aufhalten konnte. Was folgte, war der verheerendste Raubzug des Jahrzehnts: Vorbei an Thörl plünderten und brandschatzten die Horden das Gailtal. Nach der Zerstörung Hermagors folgten in wenigen Tagen Spittal, Millstatt, weite Teile des Nockgebietes, Bad Kleinkirchheim und das gesamte Gurktal. Nach einem Besuch in Friesach hinterließen die Reiter im Zollfeld verbrannte Erde und zogen zum Wörthersee. In St. Jakob im Rosental setzten sie erneut eine Kirche in Brand, in der sich rund 300 Menschen verbarrikadiert hatten. Und als die verängstigte Bevölkerung glaubte, die Gefahr sei vorbei, kehrten die Reiter zurück und massakrierten auch die aus den Bergen und Wäldern zurückgekehrten Menschen. Es folgte ein weiterer Beutezug, der bis hinauf nach Lienz führte.

Noch zwei Mal fielen die Türken in Kärnten ein, zuletzt im Jahre 1483. Mit der Ausnahme des Mölltales suchten sie in jenen zehn Jahren alle Teile des Landes heim.

Mit den Türken war es jedoch nicht getan. Ungarischen Soldaten ist es zu verdanken, dass diese lange Periode der Katastrophen, die beinahe zwei Jahrhunderte zuvor mit einer Hungersnot ihren Anfang nahm, noch einige weitere Jahre andauerte. Die Antwort auf die Frage, was die Ungarn damals in Kärnten zu suchen hatten, führt uns zu Johann Beckenschlager, einem Mann von angeblich höchst imposanter Gestalt. Dem Sohn eines Tuchhändlers sagte man nach, dass er im Ritterharnisch geradezu furchteinflößend aussah. Von König Matthias Corvinus in der Moldau zum Ritter geschlagen, machte sich Johann bald als ungarischer Heerführer einen Namen. Dabei wurde seine Statur sogar in einem Brief an den Papst extra hervorgehoben. Dass den Pontifex die Figur Beckenschlagers interessieren könnte, lag daran, dass der Hüne gleichzeitig ein hohes Tier in der Kirche war. Und offenbar ein ausgezeichneter Diplomat: in den Wirren des ausgehenden 15. Jahrhunderts gelang es ihm nämlich, nacheinander das Vertrauen sowohl des ungarischen Königs als auch bald darauf jenes des Kaisers auf der Gegenseite zu gewinnen. Nebenbei kletterte er in der Hierarchie der Kirche ganz nach oben – und das alles mit dem Schwert in der Hand. Seine Laufbahn nahm in Gran ihren Ausgang, wo er unter König Matthias Corvinus zum ungarischen Erzbischof avancierte. Gran, die ehemalige Hauptstadt Ungarns, war zu jener Zeit das religiöse Zentrum des Landes. Und so passt es nur zu gut, dass sein Verhältnis zum Kaiser dazu führte, dass Beckenschlager seine Karriere einige Jahre später als oberster Hirte des Erzbistums Salzburg beendete.

Ungarn war also die ursprüngliche Heimat des geschickten Diplomaten. Doch wie es manchmal so ist – die Beziehung zum ungarischen König durchlebte Höhen und Tiefen, und als es wieder einmal besonders schlecht um sein berufliches Fortkommen stand, beschloss er, sein Glück im Westen zu suchen. Unter dem Vorwand, eine Pilgerfahrt nach Aachen unternehmen zu wollen, verließ er das Land. Kaum über der Grenze, bot er seine Dienste dem Römisch-Deutschen Kaiser an. Das war in diesen Jahren noch immer Friedrich III. – ein erstaunlich ausdauernder Mann, dem es gelang, in Österreich fast drei Viertel des Jahrhunderts (davon 53 Jahre als Kaiser) das Zepter in der Hand zu halten. Für den unter chronischer Geldnot leidenden Habsburger war das Fernweh Beckenschlagers ein außerordentlicher Glücksfall. Der Ungar hatte nämlich bei seiner Flucht den gesamten Kirchenschatz und einiges an Barvermögen mitgehen lassen. Und das war mehr als genug, um es beim Kaiser in Form eines Pfandlehens für weite Teile Oberösterreichs einzutauschen.

Aus der ungarischen Schatzkammer –
eine Münze mit Prägung „Mathias Vngarie"

Und da sich selbst die geduldigsten Leser inzwischen fragen dürften, was das alles mit Kärnten zu tun hat: Später, als der Kaiser seine Burgen und Städte rund um Enns und Steyr wieder zurückhaben, doch dafür nicht allzu viel ausgeben wollte, bot er Johann anstelle von Bargeld das Amt des Salzburger Bischofs an. Und da schließt sich der Kreis – immerhin gehörten nach wie vor weite Teile des Kärntner Gebietes zum fürstbischöflichen Erzbistum.

Matthias Corvinus war verständlicherweise nicht besonders glücklich darüber, dass Beckenschlager eine derart wohlwollende Aufnahme erfuhr, und deshalb drohte er dem Kaiser mit Waffengewalt. Ein Wort ergab das andere und so standen wenige Wochen später ungarische Truppen vor den Toren Wiens. Auch der amtierende Erzbischof Salzburgs zeigte sich über den Postenschacher nicht besonders erfreut. Er verbündete sich mit den Ungarn und öffnete den Truppen die Tore zu den Städten und Burgen auf Salzburger Gebiet. Corvinus versprach dem Fürstbischof, seine Besitztümer – also auch jene in Kärnten – zu schützen, bis die Sache mit Friedrich III. ausgestritten war.

Der Erzbischof hatte mit dem Näherrücken des ungarischen Reiterheeres ungleich mehr Freude als die Kärntner Bevölkerung, die unter der Besatzung – und darauf lief es schlussendlich hinaus – besonders litt. Denn dies alles ereignete sich im selben Jahr, in dem die immer noch marodierenden Türken ihren bereits vierten Überfall auf Kärnten durchgeführt hatten. Die Ungarn rückten nach und zogen ein weiteres Mal plündernd durch die Täler. Rund 500 Soldaten nisteten sich im Frühjahr in Friesach und Althofen ein. Ein Teil der Ungarn zog weiter gen Westen und besetzte Gmünd, das Zentrum der Salzburger Besitzungen in Oberkärnten. Andere Burgen und Märkte folgten. Von den Bewohnern des Landes wurde unterwegs eine sogenannte Brandsteuer abgepresst – wer nicht gewillt war, dieses Schutzgeld zu bezahlen, dessen Besitzungen wurden ausgeraubt und niedergefackelt.

Zur Erinnerung: Die Türken fielen zwischen 1473 und 1483 fünf Mal in Kärnten ein. Die ungarische Besatzung dauerte von 1480 bis 1490. Ein Ratschlag an dieser Stelle: Sollten Sie, liebe Leserin, lieber Leser, jemals in die Verlegenheit kommen, am Bedienfeld einer Zeitreisekapsel eine Jahreszahl eingeben zu müssen, dann wählen Sie neben dem Erdbeben- und Pestjahr 1348 bitte keinesfalls das Jahr 1480. Als wären Türken und Ungarn in einem Sommer nicht genug gewesen, zog in diesem Jahr erneut ein riesiger Schwarm *„Haberschrecken"* über die Felder, und auch die *„Pestilenz"* forderte neuerlich zahlreiche Opfer, berichtet gewohnt zuverlässig Jakob Unrest, der aufmerksame Pfarrer vom Techelsberg. Mit dem Wetter dürfte es in diesem Sommer auch nicht zum Besten gestanden sein, denn laut Unrest blieb viel Getreide auf den Feldern und verdarb dort.

Eine genaue Abfolge der Ereignisse jener Zeit findet man einmal mehr in übersichtlicher, auch für Hobbyhistoriker gut lesbarer Form in Claudia Fräss-Ehrfelds monumentaler „Geschichte Kärntens". Anhand der quellgetreuen Wiedergabe der Ereignisse kann man nachvollziehen, dass es den vom Schicksal gebeutelten Kärntnern mit den kaiserlichen Truppen nicht viel besser erging als mit den Ungarn. Die Söldner, denen der finanzmarode Kaiser wiederholt ihr Geld schuldig blieb, hielten sich nämlich an der Zivilbevölkerung schadlos. Dörfer, eben erst von den Ungarn ihrer Habe beraubt, wurden kurz darauf auch noch von den Kaisertreuen geplündert.

Die Menschen wussten oft nicht mehr, wer Freund und wer Feind ist. Das war nicht so einfach. In Greifenburg beispielsweise lebte ein Mann namens Gilg, der im Auftrag des Kaisers über dessen landesfürstliche Besitztümer wachte. Greifenburg war im Mittelalter lange Zeit der bedeutendste, weil einzige Stützpunkt der Landesfürsten in Oberkärnten. Gilg machte eine erstaunliche Karriere in der Gefolgschaft des Habsburgers. Ursprünglich als Sohn eines Salzburger Gerbers an den Hof gelangt, bekleidete er dort anfangs die Aufgabe eines Heizers und Kehrers. Bald jedoch erwarb er das Vertrauen des Kaiserhauses und landete als Pfleger in der Herrschaft Greifenburg. Einem Pfleger kam in jenen Tagen nicht etwa die Rolle eines Hausmeisters zu, vielmehr war er der Herr des Anwesens, übte also die militärische und administrative Macht über die Burg und alle dazugehörigen Besitztümer aus.

Als im Sommer 1480 plötzlich die Soldaten Corvinus' vor der Tür standen, lief Gilg – wohl weil er nicht auf eine kriegerische Auseinandersetzung vorbereitet war – mit wehender weißer Fahne zum Feind über. Bereits ein Jahr später bereitete ihm die gemeinsame Sache mit den Ungarn keine Freude mehr, und er kehrte wieder an den Kaiserhof zurück, wo er für seine Treue (!) erneut mit Ländereien in Oberkärnten belohnt wurde. Von seiner wiedergewonnenen Basis Greifenburg aus eroberte er bald darauf das ungarisch besetzte Sachsenburg, und etwas später auch Gmünd, wo er seinen ehemaligen Verbündeten, den Hauptmann der Ungarn, festnehmen ließ. Den Ungarn gelang es nicht, sich des widerspenstigen „Dornes im Fleisch" zu entledigen. Erst als das Gerücht, Gilg wolle erneut zu den Ungarn überlaufen, die Runde machte – und es bis an Friedrichs Ohren gelangte –, bereitete dieser allen Unwägbarkeiten ein Ende: er ließ Gilg festnehmen und in der Glan ertränken.

Salzburg und der Kaiser versöhnten sich 1481. Bernhard, dem amtierenden Erzbischof, wurde eine üppige Rente zugesagt, und so hatte er nichts dagegen, dass Beckenschlager ab sofort an seiner Seite mitregierte. Später stieg Johann zum zweiten Mal in seiner Karriere selbst zum obersten Kirchenfürsten auf. Der Krieg zwischen König Matthias und Kaiser Friedrich sowie die Raubzüge in Kärnten gingen jedoch unvermindert weiter. In Villach zusammengetrommelte Truppen, die den Zug der Ungarn Richtung Wörthersee stoppen sollten, flüchteten noch vor dem ersten Feindkontakt.

Den Ständen Kärntens, also dem machthabenden Adel und der Geistlichkeit, blieb nichts anderes übrig, als mit den Ungarn in Verhandlungen zu treten. Ein Verzicht auf weitere Plünderungen war das erklärte Verhandlungsziel – und sie erreichten es auch. Die Corvinisten ließen sich ihr Stillhalten gut bezahlen: 10 000 Gulden, zur Hälfte in Geld, zur Hälfte in Tuch, waren der Preis dafür. Damit erkauften sich die Kärntner rund ein Jahrtausend, nachdem die Goten zu Beginn des Mittelalters an den Toren Teurnias gestanden waren, ein weiteres Mal mit einigen Stoffballen den Frieden.

NAHAUFNAHME

Paolo Santonino in Kärnten

Paolo Santonino, ein kluger Kopf aus Udine, bereiste 1485 im Gefolge des Bischofs von Caorle weite Teile Südkärntens. Santonino war Jurist und Notar im Dienste des Patriarchen von Aquileia und kümmerte sich für den Bischof um allerlei administrative Dinge. Aquileia war über viele Jahrhunderte ein katholisches Erzbistum, wie auch Salzburg eines war. Das Patriarchat zeichnete sich in Glaubensfragen für weite Teile Friauls und eben auch für den Süden Kärntens verantwortlich. Dort leckte man in den 1480er-Jahren gerade die Wunden der zurückliegenden Türkeneinfälle. Zahlreiche Kirchen waren schwer beschädigt und ihre Altäre aufgebrochen worden, wo man die Reliquien, also Zeugnisse des Lebens und Wirkens verschiedenster Heiliger, aufbewahrte. Das Interesse der Türken galt dabei weniger den Heiligtümern als vielmehr den meist äußerst wertvollen Aufbewahrungsgefäßen. Und Reliquien gab es etliche: Experten haben errechnet, dass alle Späne des Christuskreuzes, die in Kirchen auf der ganzen Welt verehrt werden, zusammengenommen mehrere Hektar Wald ergeben. Kein Wunder, dass es für die Türken auch in Kärntens Altären einiges zu entdecken gab.

Paolo Santoninos Reisebericht

Als die Türken 1483 das Feld räumten, hinterließen sie dem zuständigen Patriarchat eine Menge Aufräumarbeit. So kam es, dass der Bischof von Caorle von seinem Chef, dem Patriarchen, mit dem Auftrag nach Kärnten geschickt wurde, alle von den Türken geschändeten Kirchen von jeglichem heidnischen Stallgeruch zu befreien und erneut zu weihen. Also **„die durch die Türken besudelte Kirche durch den Herrn Bischof zu reinigen"**, wie es Santonino zusammenfasste. Dabei nutzte man die Gelegenheit, der gebeutelten Bevölkerung den Segen zu erteilen oder sie, wo nötig, zu taufen. Da sich die Pfarren Kärntens für die bischöflichen Dienste mit klingender Münze bedankten, war die Reise nebenbei ein einträgliches Geschäft, wie Santonino am Ende der letzten Reise 1487 zufrieden feststellte. Zwei Mal verschlug es den Bischof und seine Gefolgsleute ins heutige Kärnten. Weil im Norden der Drau bereits das Bistum Salzburg das Sagen hatte, beschränkten sich die Reisen auf den Süden. Die erste Reise führte in den westlichen Teil, also ins Gail-, Lesach- und Drautal. In den hintersten Winkeln des Drautales sprang man sogar fallweise für den Salzburger Erzbischof ein, wenn es galt,

Kirchen am Nordufer der Drau zu weihen. Die zweite Reise konzentrierte sich vorwiegend auf den Raum zwischen Villach und Ferlach – die meisten Visiten nahmen im Basislager Villach ihren Ausgang.

Paolo Santonino war ein ebenso wissbegieriger wie umfangreich gebildeter Mann. Sein Interesse galt allen möglichen Dingen, und er machte kein Hehl daraus, dass er sich durchaus an weltlichen Genüssen erfreuen konnte. Zu unserem großen Glück hielt er alle seine Beobachtungen in einem Reisetagebuch fest und gab so der Nachwelt die Gelegenheit, einen Blick auf die Lebenswelt des ausgehenden Mittelalters zu werfen. Seine Aufzeichnungen sind insbesondere seit dem Vorliegen der Übersetzung aus dem Lateinischen ein äußerst kurzweiliges Lesevergnügen. Diese deutsche Version verdanken wir übrigens einem Grandseigneur der Kärntner Altertumskunde: Rudolf Egger verantwortete unter anderem mehr als zwei Jahrzehnte lang die Ausgrabungen auf dem Magdalensberg. Durch ihn liegt uns ein Reisebericht vor, der zwar über den eigentlichen Zweck der Reise, also der bischöflichen Tätigkeit, Protokoll führt. Aber wesentlich interessanter ist das Rundherum, also Santoninos Erlebnisse unterwegs. Seine Geschichten spielen natürlich vordergründig an den Höfen der Reichen und Schönen. Dass ein Bischof zu Besuch kommt, war schon etwas Besonderes, und daher wurde die Entourage mit allen Ehren empfangen. Das zeigte sich vor allem in den üppigen Festmahlen, die den Kirchenmännern unterwegs gereicht wurden. Zehn Gänge und mehr waren da keine Seltenheit. Santonino zeigte sich oftmals wahrlich begeistert und schildert die Menüfolge detailreich. Eines von vielen Beispielen beschreibt ein Mittagessen (!) auf der Burg Rosegg: Der Vorspeise, einer mit fetten Hennen gefüllten Suppenschüssel, folgten verschiedene in Wein gekochte Fische. Als es an die Hauptspeise ging, wurden mit Eiern angerichtete Krebse serviert, gefolgt von weiteren Hühnern und einem Lendenbraten vom Rind. Andere schmackhafte Fische in Mandel-Aspik wurden von einer Schüssel Kraut mit Speck abgelöst. Lassen wir ab dem nächsten Gang Santonino selbst zu Wort kommen: **„Siebentens nahmen wir zwölf Rebhühner bzw. Wachteln ein, die mit viel Mühe erlegt und von angenehmsten Geschmack waren. Achtens Hirse in fetter Suppe gekocht, was ein sehr süßes und ergötzliches Gericht gab. Für alle Mahlgenossen floss reichlich roter und weißer Wein, das Brot war weiß und federleicht. Wir zogen das Mahl ob der Fülle der Gerichte länger, als es anständig war, hinaus und endlich standen wir schwitzend auf. Der edle Herr Burghauptmann kredenzte uns noch bei der Danksagung eigenhändig einen vollen Becher jungen Weines. Wir stiegen darauf zur Pfarrkirche hl. Michael hinab. Dort firmte der Herr Bischof viele."**

Ein Einheimischer, der den Tross der Italiener abschnittsweise begleitete, erlangte wiederholt die Aufmerksamkeit Santoninos. Als die Kirchenleute in Oberdrauburg mit mäßiger Begeisterung selbst für Kost und Logis aufkommen mussten, beschloss der Bischof, **„sich der meisten Speisen zu enthalten, damit nicht Magen und Beutel zugleich belastet würden. Der Österreicher hingegen"**, notierte Santonino, **„seufzte und wandte sich, von einem tiefliegenden Schmerze erfaßt, einem becherreichen Trunke zu."** Ein andermal hatte der Begleiter schwer mit den Strapazen der Reise zu kämpfen: **„Unser Österreicher, der das mühselige Auf und Ab des Weges zu Fuße zurückgelegt und zur Herzensstärkung keine Flasche an der Schulter hängen gehabt hatte, machte ein hartes Martyrium durch. Als er hernach siegreich am Ziel angekommen war, war er so froh und stolz, dass er fern von der Welt nur dem ewigen Jerusalem hingegeben war und nur vom Himmel redete, wen man ihn um etwas gewöhnlich Irdisches fragte."** Nach einiger Beobachtung machte sich der italienische Gelehrte auch Gedanken über die Körperpflege des Österreichers: **„Als des Himmels Ungunst mächtig auf uns niederkam, erreichten wir das Quartier, ohne daß der kleinste Regentropfen an ihm zu sehen war. Ich glaube, das kam nicht von seiner Heiligkeit, nicht durch Abwehr der gegen uns verschworenen Teufel, sondern lediglich davon, dass zwischen ihm und jeglichem Wasser längst ein dauernder Waffenstillstand feierlich unterzeichnet und beschworen war."**

450 Jahre lagen Santoninos Tagebücher nahezu unbemerkt in der Vatikanischen Bibliothek, bevor sie dem Vergessen entrissen wurden. Durch einen italienischen Fachartikel wurde Rudolf Egger auf den Reisebericht aufmerksam und publizierte dieses einzigartige Zeitdokument in heute noch erhältlicher Buchform.

SPURENSUCHE

An der Nordseite des Hauptplatzes in Gmünd sind an einer Hausmauer fünf sogenannte Schleuderkugeln angebracht, die aus der Zeit der Belagerung Gmünds 1470 durch die Türken stammen.

Während der Zeit der Türkenüberfälle wurden viele Kirchen des Landes mit einer Wehrmauer versehen, und deren hölzerne Dachschindeln durch Steinplattln ersetzt. Eine der imposantesten Wehrkirchen auf Kärntner Boden steht in Diex. Wer sehen möchte, wie eine Kirche vorher, also mit hölzernem Dach, aussah, hat beispielsweise anhand der mit Lärchenschindeln gedeckten Kirche in Pöllan bei Paternion die Möglichkeit dazu. Die südlichste Kirche im deutschen Sprachraum, die gänzlich aus Holz errichtet wurde, steht ebenfalls in Kärnten. Obwohl jüngeren Datums, lohnt sich eine Besichtigung dieses seltenen Bauwerks in Schaumboden nordwestlich von St. Veit.

Auch wenn es in der Neuzeit auf Kärntner Boden keine Übergriffe von türkischer Seite mehr zu beklagen gab, zeugen etliche Bauten aus dieser Zeit von der latenten Gefahr. Bekanntestes Beispiel: die Burg Hochosterwitz mit ihren 14 Torbauten.

Knappen und Säumer

Berufliche Möglichkeiten in den heimischen Bergen

1550 – 1790

Das Land Kärnten stand nach den Jahren der Türken- und Ungarneinfälle an der Schwelle zur Neuzeit. Das zurückliegende, oft als „dunkel“ verschriene Mittelalter zeigte sich hier (wie anderswo) weder in geistig-kultureller Hinsicht als dunkel, noch ist es – wie zu sehen war – eine Epoche, über die es wenig zu erzählen gäbe. Dunkel war das Mittelalter allenfalls in jenen Abschnitten, über die uns leider wenige Zeugnisse erhalten blieben. Und im Dunkeln bleibt auch zumeist das „Leben des kleinen Mannes“. Chronisten wie Jakob Unrest oder Johann von Viktring, die uns ein wenig an ihrem mittelalterlichen Alltag teilhaben ließen, waren gebildete Männer der Kirche und damit kaum Repräsentanten der breiten Masse. Dennoch verdanken wir ihnen große Teile unseres Wissens über das Land in jener Zeit. Neben den Werken aus klerikalen Schreibstuben stellen Urkunden wie Verträge, Pfandbriefe oder Schuldscheine die andere schriftliche Quelle dar, anhand derer die Geschichtswissenschaft die Ereignisse jener Zeit nachvollzieht. Doch auch diese Dokumente berichtet selten vom alltäglichen Lauf der Dinge. Wir wissen zwar beispielsweise aus einer Urkunde, dass zwei Obergurktaler Bauern im 13. Jahrhundert verpflichtet waren, jährlich sechshundert Käselaibe an das Viktringer Kloster abzuliefern. Die Lage dieses Bauernhofes konnten Historiker herausfinden. Sie wissen sogar, dass der Herzog den Bauern beim Ankauf der dafür benötigten Schafe finanziell unter die Arme griff. Die Urkunde erzählt uns jedoch kaum etwas über das damalige Leben auf 1000 Metern Seehöhe. Über den Alltag dieser Bergbauern gibt es daher trotzdem wenig zu sagen.

Für jemanden, der das Werden des Landes Kärnten nachvollziehen möchte, und dem vielleicht weniger an der Abfolge der

Mittelalterlicher Bergbau

Herrschernamen als an den jeweiligen Lebensumständen gelegen ist, brechen mit der Neuzeit tatsächlich neue Zeiten an: Die Quellen, die auch vom Leben der weniger privilegierten Menschen berichten, sprudeln von nun an etwas lebhafter. Vielleicht ist das der Grund, warum im 16. Jahrhundert neben all den großen gesellschaftlichen Umwälzungen (man denke nur an die Bauernaufstände oder die religiöse Spaltung des Landes durch die Reformationsbewegung) insbesondere der Metallbergbau das Interesse der Heimatforscher weckt. Kärnten durchlebte dank seiner reichen Eisenvorkommen bereits zu Zeiten der Kelten und Römer eine Hochblüte – der Sage nach wurde Jesus Christus gar mit Nägeln aus Hüttenberg ans Kreuz geschlagen. Doch an der Wende zur Neuzeit waren es vor allem die Bunt- und Edelmetalle, die dem Land zu großem Reichtum verhalfen. In den folgenden Jahrhunderten erlaubte der Bergbau neben seiner wirtschaftlichen Bedeutung immer wieder Einblicke in den Alltag der Menschen.

Wie schon ein Vierteljahrtausend zuvor, als sich die mächtigen Herren des Landes um den Ausbau der Handelszentren, also der Städte, bemühten, war der Bergbau in allen Machtsphären ein wichtiges Instrument zur Absicherung der eigenen Position im Lande. Das Salzburger Bistum hatte mit den Kärntner Eisenlagerstätten das große Los gezogen, ihm unterstanden die ergiebigen Minen rund um Hüttenberg und in der Innerkrems. Doch auch die Bamberger Bischöfe konnten sich nicht beklagen – der Blei-/Zinkbergbau am Bleiberg stand unter ihrer Hoheit, genauso wie die reichen Goldvorkommen in der Lavanttaler Kliening. Im Süden ihres Herrschaftsgebietes, in Raibl am Fuße des Predilpasses, betrieben die fränkischen Herren ebenfalls Bergbau, und zwar wieder auf Blei und Zink. Die äußerst ergiebigen Edelmetallvorkommen Oberkärntens – Silber rund um Obervellach, Gold in den Hohen Tauern – kamen hingegen der landesfürstlichen Kasse zugute. Alle Landesherren verdankten dem Bergbau große Teile ihres Einkommens, denn sie kassierten einerseits 10 Prozent der Ausbeute, und andererseits hatten sie bevorzugte Einkaufskonditionen. Den nahe gelegenen Städten verliehen die Landesherren das Stapelrecht. Das bedeutete, dass jede Eisenfuhr, die die Stadt passierte, zuerst den hiesigen Bürgern zum Kauf angeboten werden musste. Der Straßenzwang, der mit dem Stapelrecht Hand in Hand ging, verhinderte das Umgehen der Städte. Althofen und St. Veit wurden so zum Umschlagplatz des Hüttenberger Eisens. Ebenso Wolfsberg und Völkermarkt, wo die Metalle des Lavanttals ihre Käufer fanden. Die Innerkremser Eisenklumpen fanden in Gmünd ihre Abnehmer, und Bleiberger Zink wurde in Villach verkauft. Was dann noch übrig blieb, ging meist nach Italien, denn mit den steirischen Erzhämmern war vereinbart, dass den Leobenern der Absatzmarkt im Norden vorbehalten bleibt, während die Hüttenberger ihr Eisen Richtung Venedig verkauften. Nur Gmünd durfte sein Eisen auch über den Katschberg hinaus verkaufen.

Für die Bevölkerung bedeutete dieser frühindustrielle Boom, der im 16. Jahrhundert seinen Höhepunkt erreichte, vielfältige neue Beschäftigungsmöglichkeiten. Denn davor wurde der Bergbau nur von Bauern im Nebenerwerb betrieben, deren Hauptaugenmerk auf der Land-, Vieh- und Waldwirtschaft lag.

Mit ihren kleinen Öfen, die sie an besonders windreichen Punkten aufstellten, verhütteten sie ihre *Ausbisse* selbst. Das sind Erzvorkommen, die zugänglich waren, ohne Bergbau betreiben zu müssen. Mit der fortschreitenden Intensivierung des Abbaus gerieten die Windöfen jedoch an ihre Leistungsgrenzen. Die Menschen gingen also dazu über, größere Öfen zu bauen und gleichzeitig die Wasserkraft zu nutzen, die mit Schaufelrädern und dem Einsatz von Blasebälgen die Kohle anfachte. Und so wichen die kleinen, meist aus Ton gefertigten Windöfen größeren und größeren Anlagen. Daneben entstanden Lagerhäuser für die Holzkohle, die sogenannten Kohlenbarren.

Mit der Nutzung der Wasserkraft ging die Trennung von Abbau- und Verhüttungsstätte einher, da sich die Stollenmundlöcher meist im Gebirge und somit weit weg von brauchbaren Fließgewässern befanden. Im Kremser Bergbau beispielsweise, dessen Gruben sich in Innerkrems befanden, wanderten die Schmelzwerke den Kremsbach bzw. die Lieser hinunter nach Kremsbrücke, in die Sautratte (später Eisentratten) und Gmünd. Auch die schweren Pochhämmer, deren Aufgabe es war, das zutage geförderte Gestein vor dem Schmelzvorgang zu zerkleinern, nutzten die Kraft der Bäche. Die Erze mussten daher zuerst in Säcke aus Schweinsleder gefüllt und von den „Sackziehern" ins Tal gebracht werden. Nachdem das Material zerstoßen war, wurde es abwechselnd mit Kohle, die aus den umliegenden Wäldern gewonnen wurde, in einen Stuckofen geschichtet. Unter extrem starker Hitzeeinwirkung löste sich nach etwa einem halben Tag das Eisen aus dem tauben Gestein. Der Eisenklumpen wurde umgehend vor Ort nochmals gehämmert, um etwaige Restschlacken auszutreiben.

Für einen so arbeitsaufwendigen Prozess brauchte es viele Hände. Ein Zeichen dieser Hochblüte des Kärntner Bergbaues war es, dass sich plötzlich selbst in den entlegensten Gebirgstälern die Menschen zusammenfanden, wie sie es zur selben Zeit nicht einmal in den Städten taten. Im Auftrag ihrer Chefleute, der Gewerken, waren Hutmänner (Oberaufsicht), Ein-

Auf Schweinsleder ins Tal – die Sackzieher

fahrer (Sicherheit), Knappen, Truhenläufer bzw. Huntstösser (Transport), Haspler (Seilwinde), Probierer (Qualität/Metallgehalt), Grubenhüter (Stollenausbau), Zimmerer, Erzschmelzer, Sackzieher, Wegemacher, Holzknechte und Köhler beschäftigt. Über Tage arbeiteten auch Frauen und Kinder mit, beispielsweise bei der Ausscheidung von taubem Material oder der Wartung der Werkzeuge. Alle, die irgendetwas mit dem Bergbau zu tun hatten, wurden in eigenen Berggemeinden zusammengefasst. Der gesamte Verwaltungsapparat, der Vertrieb und nicht zuletzt alle Familienangehörigen gehörten ebenfalls dazu. Ein Mann im Stollen, so sagt man, schuf Arbeit für zehn weitere Menschen. Und wenn es Streitereien gab, hatten die Berggemeinden ihre eigenen Richter. Das Oberstbergmeisteramt der innerösterreichischen Habsburgerländer befand sich zu jener Zeit übrigens in Obervellach. Also nahe der Goldberggruppe, wo der Name Programm war.

Bereits ab dem Spätmittelalter verlagerte sich die Weiterverarbeitung des gewonnenen Roheisens aufgrund des hohen Holzbedarfes weg von der Abbaustelle hin in waldreiche Gegenden mit Fließwasseranschluss. So entstand beispielsweise an der Tiebel im Spätmittelalter ein Zentrum der Eisenweiterverarbeitung von europäischem Rang. Ausgehend von England und Spanien reichte das Absatzgebiet bis nach Russland. Sogar der türkische Bauer mähte sein Getreide mit Sensen und Sicheln aus Himmelberg. Das Eisen dafür stammte aus Hüttenberg. Auch in Eisenkappel wurde nun gehämmert, ebenso jenseits der Südalpen im damals kärntnerischen Kanaltal, dessen südliche Fortsetzung aufgrund des einst regen Eisenhandels Richtung Venedig noch heute als *canale del ferro* bekannt ist.

Diese Hauptverkehrsader, die Richtung Süden weiter bis nach Venedig führte, trug den Großteil sowohl der Kärntner Exportgüter als auch des Transithandels aus dem Norden. Mit dem Ausbau einer befahrbaren Straße über den Radstädter Tauern zu Beginn des 16. Jahrhunderts verlagerte sich der Transport traditioneller Venedig-Güter (wie Tuch, Gewürze, Öl) immer mehr vom Rücken der Pferde auf die Achse größerer Fuhrwerke. Dabei handelt es sich um dieselbe Wegstrecke, die schon anderthalb Jahrtausende zuvor von den Römern über den Katschberg zur befahrbaren Handelsstraße ausgebaut wurde.

Vorher war der Warentransport über die Alpen hinweg ausschließlich mit Lasttieren möglich gewesen – zu anspruchsvoll war das Gelände insbesondere in den Tauern, also an der Grenze Salzburgs zu Kärnten. Trotz der für den Fernverkehr geschaffenen Fahrstraße kam den Säumern, also jenen Dienstleistern, die die Pferde samt ihrer Last über die Berge führten, weiterhin große Bedeutung im Nahverkehr zu. Sie brachten vor allem friulanischen Wein in den Norden, den sie jenseits des Alpenkammes an ihre Kunden verteilten. Am Retourweg füllten sie die Fässer mit Halleiner Salz für Kärntner Abnehmer. Doch auch Honig, Essig, Rollgerste, Flachs oder Obst fanden den Weg in die Fässer.

Neben dem Katschberg stand den Säumern weiterhin der Übergang über das Heiligenbluter Hochtor zur Verfügung. Der Umstand, dass die heutige Großglocknerstraße mit ihrem auf

2500 Höhenmetern gelegenen Hochtor zu den oft benutzten Alpenübergängen zählte, zeigt, dass die Verkehrsinfrastruktur nach wie vor ganz anders aussah als heute. Viel einfacher hatten es da die Händler, die am „schrägen Korridor" zwischen Wien und Venedig unterwegs waren. Doch ganz ohne Höhenmeter ging es dort ebenfalls nicht: Ähnlich der heutigen Hauptverkehrslinie galt es schon in der Steiermark, nach dem Semmering auch das langgezogene Massiv von Pack- bzw. Koralpe zu überwinden. So kam es, dass sich im Lauf der Jahrtausende im Nordosten des Landes ein vergleichsweise dichtes Wegenetz entwickelte, das sogar dem verständlichen Wunsch der Fuhrleute entgegenkam, für den Transport der Güter Zugtiere einsetzen zu können. Unter Zuhilfenahme kleiner, meist einspänniger Gebirgskarren konnten damals zwischen 200 und 300 Kilogramm transportiert werden. Kam ein Wagen nicht infrage, wurden die Tiere mit Körben oder Packsäcken ausgerüstet und mit Waren aller Art beladen. Insgesamt jedoch betrug das Handelsvolumen auf dieser Strecke nur ein Siebentel von dem, was Richtung Nürnberg verladen wurde.

Eine bedeutende Rolle unter den Nord-Süd-Spediteuren kam den *Windischen Säumern* zu, die das Transportwesen Richtung Salzburg beherrschten. Mit dieser Bezeichnung, die Mitte des 16. Jahrhunderts aufkam, waren vor allem die Bauern aus dem unteren Gailtal gemeint, wo sich nahezu alle männlichen Einwohner neben ihrem landwirtschaftlichen Hauptberuf etwas dazuverdienten. Wobei sich gerade die Gailtaler Bauern auch als Transportunternehmer in Szene setzten und auf diese Weise möglicherweise mehr zum Haushaltseinkommen beitrugen als mit ihrer Tätigkeit auf dem Feld. Die Hauptsaison der Windischen Säumer begann daher im September und dauerte bis ins Frühjahr. Selbst in den strengsten Wintermonaten zogen die harten Burschen mit ihren Pferdezügen durch das Hochgebirge. Da das erste Pferd eine Glocke trug, nannte man den Zug, der sich oftmals durchs dichteste Schneetreiben kämpfen musste, auch die Glockensäumer. In den darauffolgenden Sommermonaten standen die Männer wieder auf ihren Feldern, und so lässt sich in den Mautbüchern jener Zeit in diesen

Mit einer Pferdestärke über die Alpen – Säumer mit ihren Lasttieren.

Monaten ein deutlicher Einnahmenrückgang ablesen.

Ihre Reisegeschwindigkeit war indessen beachtlich. Nicht selten starteten sie bereits um drei Uhr morgens in den Tag und waren bis in die späten Abendstunden unterwegs. Es waren die enormen Ernährungskosten für Mensch und Tier, die die Männer zu solch hohem Tempo anspornten. Manchmal kam es vor, dass sich die Säumer, deren Ruf ohnehin nicht allzu gut war, in den Feldscheunen der Gehöfte am Weg bedienten, um ihre Tiere zu versorgen. Auch an den Zollstellen waren sie bemüht, die anfallenden Spesen möglichst gering ausfallen zu lassen. So konnte es vorkommen, dass ein Branntweinfass steuerschonend als Essig deklariert wurde. Oder einzelne Schnapsfässer manchmal nicht den offiziellen Weg nahmen, sondern von ortskundigen Trägern über Schleichwege an der Zollstelle vorbeigeschmuggelt wurden. Und wenn ein Grenzübergang nicht gut bewacht war oder gerade ein Beamter Dienst versah, der für eine Kanne Wein über den einen oder anderen vollbeladenen Gaul hinwegsah, sprach sich das schnell herum. In den Tälern kam es ebenfalls vor, dass der Zug nach Eintreten der Dunkelheit vom Weg abkam, und in der Glocke des Leitpferdes zufällig ein Leinenknäuel stecken blieb.

Insgesamt schien allerdings ein gewisser Zusammenhalt unter den Säumern bestanden zu haben – man zog gerne in der Gruppe über die Berge und half sich gegenseitig an schwierigen Stellen. *„Wanns grob Wetter, pflegen die Sämber alzeit aufeinander zu warten, beym schenen Wetter aber fahrt ein jeder nach seiner Gelegenheit"*, fasste es ein Säumerknecht zusammen.

Dem Saumhandel zu Ross kam noch bis Ende des 18. Jahrhunderts einige Bedeutung zu. Aus den ehemaligen Säumerpfaden entwickelten sich nicht nur am Radstädter Tauern befahrbare Straßen, insbesondere im Osten wurden etliche Strecken ausgebaut (z. B. die Pack, Soboth oder Weinebene). Manche früher stark frequentierten Wege sind heute dem Vergessen preisgegeben, etwa die Strecke über den Priewaldsattel, die vom Mur- ins Metnitztal und weiter nach Friesach, Gurk oder St. Veit führte. Ganz anders der uralte Säumerweg über den Heiligenbluter Tauern: auf der Großglockner-Hochalpenstraße zählt man gegenwärtig in manchen Jahren über 300 000 Fahrzeuge.

NAHAUFNAHME

Die Reformation in Kärnten

Martin Luthers Lehren trafen in Kärnten auf ein tiefgläubiges Volk. Viel Geld wurde damals für kirchliche Belange ausgegeben: Schon Paolo Santonino zeigte sich auf seinen Reisen durch das Land vom regen Kirchenbau beeindruckt. Die Aufmerksamkeit galt dem Leben nach dem Tode, und dem Bestreben, schon zu Lebzeiten jede erdenkliche Vorkehrung für den möglichst direkten Weg in den Himmel zu treffen. Denn nach damaliger Auffassung waren alle Sünden, die man auf Erden begangen hatte, im Fegefeuer abzubüßen – und das war, wie die katholische Kirche nicht müde wurde zu betonen, alles andere als erstrebenswert. Oft wurde daher das gesamte Vermögen in die Lesung von Seelenmessen investiert, die der eigenen Familie den Weg ins Paradies ebnete. Auch die Ablasslehre spielte hier hinein, sie basierte auf der Vorstellung, dass die Kirche einen Gnadenschatz verwalte, aus dem sie nach eigenem Ermessen begangene Sünden vergeben konnte. Die Gnade wurde in Tagsätzen gespendet – eine Wallfahrt nach Heiligenblut verkürzte die Zeit im Fegefeuer beispielsweise um vierzig Tage. Mit der Zeit wurden auch finanzielle Zuwendungen an die Kirche zum Teil des Ablasshandels, was dem Missbrauch Tür und Tor öffnete. Die Ablassbriefe wurden zur wichtigen Einnahmequelle. Und wer frei von Sünde war, konnte sich sogenannte Butterbriefe kaufen, die es dem Besitzer erlaubten, die Fastenregeln etwas zu lockern. Gottes Gnade war nun käuflich.

Dazu kommt, dass es um die Organisation der Kirche nicht gerade zum Besten stand. Die Klöster waren verwahrlost, das Keuschheitsgelübde nicht mehr in Ehren gehalten. Häufig wurden unqualifizierte Kapläne mit der Betreuung der Pfarren vertraut, während höhere Ämter einander durch Freunderlwirtschaft zugeschanzt wurden. In anderen Worten: Die Kirche hatte ein ernstes Imageproblem.

Genau dagegen richtete sich die Kritik Martin Luthers, dessen Forderung, dass der gläubige Christ einzig und allein dem Herrgott Rechenschaft schulde, auch hierzulande in der Bevölkerung auf offene Ohren stieß. Über die internationalen Verbindungen jener Zeit, vor allem in den Städten und im Bergbau, kamen diese neuen Ideen nach Kärnten, wo sie vom Adel sofort aufgegriffen wurden. Siegmund von Dietrichstein, Sprachrohr des Kaisers in Kärnten, gab 1526 der Einsetzung eines evangelischen Pfarrers in der Villacher Jakobskirche seine Zustimmung unter der Auflage, dass **„allein das wort Gottes chlar lautter an (ohne) all menschlich zusaetz"** gepredigt werde. Obwohl die Ständestadt Klagenfurt das unbestrittene Zentrum der Reformationsbewegung war, schwappte die Lehre unter anderem sogar auf das Schloss der Bamberger Vizedome in Wolfsberg über, die der neuen Lehre ebenfalls einiges abgewinnen konnten. Unter den Bauern und Bergleuten fiel sie genauso auf fruchtbaren Boden. Schätzungen zufolge war Kärnten in der zweiten Hälfte des 16. Jahrhunderts zu 80 Prozent protestantisch.

Die katholische Kirche wie das ebenfalls katholische Kaiserhaus standen der Ausbreitung des evangelischen Bekenntnisses machtlos gegenüber. Besonders die Zentren entwickelten sich zu Hochburgen der Reformationsbewegung – die bambergischen Städte Villach und Wolfsberg bildeten da keine Ausnahme. Das Mächtespiel zwischen den Konfessionen endete 1578 damit, dass der gläubige Katholik Erzherzog Karl dem Adel die freie Religionsausübung gewährte. Dies war der Moment, der die katholische Kirche endgültig wachrüttelte. Erste Überlegungen, wie denn das verloren gegangene Terrain zurückgewonnen werden könne, wurden geschmiedet. Und wieder einmal taten sich die weltliche und geistliche Macht zusammen, um sich gegenseitig zu helfen. Denn von einer wiedererstarkten Kirche würde auch das Haus Habsburg profitieren, da dies gleichzeitig eine Schwächung der (protestantischen) Stände mit sich brächte. Gegenreformation und Absolutismus – damit ist die Alleinregierung der Habsburger ohne Notwendigkeit zur Rücksichtnahme auf andere weltliche Mächte gemeint – reichten sich daher die Hand.

Nur nichts überstürzen, lautete die Devise. Die eigene, geschwächte Position erlaubte anfangs auch gar keine großen Schritte: In Molzbichl beispielsweise hatte der katholische Pfarrer im Jahre 1586 nur einen einzigen Katholiken zu betreuen. Bald jedoch verschärfte sich die Gangart: In den Amtsstuben wurden die ersten Protestanten vor die Tür gesetzt. Es folgten die Pfarren und Schulen. Also wurde die evangelische Lehre kurzerhand verboten. Wer nicht in den Schoß der katholischen Kirche zurückkehrte, musste seinen Besitz, so er welchen hatte, veräußern und das Land verlassen. Immobilienspekulanten wussten unter solchen Umständen die Gunst der Stunde zu nutzen: Da ihnen natürlich bekannt war, dass die Auswanderer unter Verkaufsdruck standen, konnten sie den Preis drücken.

Im nächsten Schritt mussten alle sichtbaren evangelischen Zeichen von der Bildfläche verschwinden. Als Bischof Brenner im Herbst 1600 mit 300 bewaffneten Männern im Rücken ins Lavanttal kam, ließ er evangelische Bethäuser in die Luft jagen – den benötigten Sprengstoff mussten die Besitzer selbst bezahlen. Siebzig Tage lang zog der Seckauer Bischof damals durch das Land. Wer das Vergnügen hatte, den bischöflichen Bekehrungspredigten beizuwohnen, musste am Ende eine Entscheidung treffen: konvertieren oder auswandern. Rund zweihundert Dörfer Kärntens machte Martin Brenner in dieser Zeit katholisch.

Schlussendlich blieb noch Möglichkeit Nummer drei, nach außen hin gute Miene zum bösen Spiel zu machen, doch im Geheimen an der Lehre Luthers festzuhalten, wie es vor allem in den versteckteren Tälern Kärntens über 180 Jahre lang geschah. Auf den Bauernhöfen wurde in geheimen Hausmessen aus der Heiligen Schrift vorgelesen. Die Lutherbibeln, die man ins Land schmuggelte, waren kreativ versteckt. Bekanntlich wendete sich nach 1781, dem Jahr des Toleranzpatentes von Joseph II., langsam alles wieder zum Guten. Es dauerte zwar noch einige Zeit, bis die beiden Konfessionen einander grün waren, doch wie wir heute wissen, raufte man sich letztendlich zusammen: Als der Pfarrer der evangelischen Gemeinde Gnesau 1911 zur 50-Jahr-Feier der Gleichstellung seiner Kirche keine passende Fahne fand, borgte ihm der katholische Pfarrer eine.

NAHAUFNAHME

Die Entstehung Klagenfurts

Das 16. Jahrhundert war die große Zeit des Kärntner Adels und der heimischen Geistlichkeit. Die beiden Gruppen bildeten gemeinsam mit einer Handvoll Vertreter der Städte und Märkte die sogenannte **Löbliche Landschaft**, besser bekannt als die **Stände**. Da sich die Habsburger in Kärnten nicht besonders oft sehen ließen, waren die Stände die eigentliche Macht im Lande. Denn die Bistümer Salzburg und Bamberg hatten in der ersten Hälfte des Jahrhunderts ihre Sonderstellung verloren – es gab also keine anderen Herren mehr im Lande, die ihnen diese Position streitig machen könnten. Ähnlich wie heute bildeten ihre Zusammenkünfte, die Landtage, den föderalistischen Gegenpol zur Regierung in Wien. Auf dem Papier waren sie einem vom Landesfürsten nominierten Stellvertreter unterstellt. Dieser **Landeshauptmann** genoss als Mann des Adels in der Regel das Vertrauen beider Seiten und nahm daher oft die Position eines Vermittlers ein.

An Selbstvertrauen mangelte es den Ständen nicht, sie hatten einige ehrgeizige Projekte auf ihrer Agenda – allen voran den Aufbau einer eigenen Residenzstadt. Als 1514 die Stadt Klagenfurt niederbrannte, bot sich eine Gelegenheit, diesen langfristig ausgelegten Plan langsam in die Tat umzusetzen. Man bat daher Kaiser Maximilian I., ihnen die Trümmerstadt zu schenken. Dies tat er 1518 auch, und er stattete sie darüber hinaus mit weitgehenden Freiheiten aus. Damit war Klagenfurt die einzige Stadt im gesamten Reichsgebiet, in der nicht der Landesfürst das letzte Wort hatte. Im Gegenzug versprachen die Stände, sich auf eigene Kosten um den Ausbau der Stadt zu einem wehrhaften Bollwerk gegen die immer noch herumstreifenden Türken zu kümmern.

Um aus dem Häufchen Elend eine repräsentative Stadt zu machen, holte man sich Hilfe aus Italien. Dort hatten sich verschiedene Baumeister auf den Bau von Festungen spezialisiert. Domenico dell'Allio war so einer: bevor er nach Klagenfurt kam, hatte er bereits bei der Stadtmauer von Graz seine Finger im Spiel. Auch die Burg Hochosterwitz in der heute bekannten, imposanten Form geht wahrscheinlich auf sein Konto. Unter seiner Bauaufsicht entstand entlang der heutigen Ringstraße eine Befestigungsmauer, um die sich ein über 30 Meter breiter und 7 Meter tiefer Graben zog. Dieser wurde, sobald die Verbindung zum Wörthersee – der Lendkanal – fertig war, mit Wasser geflutet.

Innerhalb der Stadtmauern konnten sich die Baumeister austoben. Geld war zur Genüge vorhanden: So war es den Ständen nun gestattet, eine eigene Münzstätte zu betreiben. Das dafür benötigte Edelmetall erhielten sie, wie im Schenkungsbrief des Kaisers zu lesen ist, zu günstigen Konditionen. Und Platz war sowieso genug da, das Areal innerhalb der Stadtmauer hatte sich im Vergleich zum „alten" Klagenfurt versiebenfacht. Das Landhaus, die protestantische Dreifaltigkeitskirche (ging im Zuge der Gegenreformation an die Jesuiten, heutiger Dom), und die Burg (heute Museum für Moderne Kunst) entstanden in diesen Jahren. Die monumentale Darstellung des Klagenfurter Wappentieres auf dem Neuen Platz fällt ebenfalls in diese Epoche.

Auch wenn die Habsburger dies zu jener Zeit naturgemäß ganz anders sahen: die Stadt zog an St. Veit und an Villach vorbei – Zeitgenossen bezeichnen Klagenfurt bereits an der Wende zum 17. Jahrhundert als ihre Landeshauptstadt. Jeder, der etwas auf sich hielt, hatte sich im Stadtzentrum eine Niederlassung eingerichtet, denn das war nun der Ort, wo Politik gemacht wurde. Während andere Städte stagnierten, verdreifachte sich die Einwohnerzahl durch die Zuwanderung von Adelsfamilien, Fachkräften, Handwerksgesellen, Bettlern sowie Tagelöhnern aus allen Teilen des Reiches.

An einem konnte die rasante Entwicklung jedoch nichts ändern: Klagenfurt lag immer noch abseits der Hauptverkehrsrouten, sodass sich in der Stadt kein weitläufiges Handelsnetz ausbildete. Es ging weiterhin vergleichsweise gemütlich zu innerhalb der Stadtmauern. Es war nicht unüblich, innerhalb der Stadtmauern eine kleine Landwirtschaft zu betreiben. So hielt sich ein hoher Stadtbeamter jener Tage zwei Pferde, sechs Kühe, zwei Kälber, elf Frischlinge und sieben Schweine im Hinterhof.

SPURENSUCHE

Zehn Prozent der Weltproduktion an Gold stammte einst aus den Hohen Tauern. Der ehemalige Herrschaftssitz der Gewerkenfamilie Putz in Großkirchheim ist heute ein Restaurant mit angeschlossenem Museum. In der „Tauerngold"-Ausstellung reichen die Exponate bis in die Zeit der Römer zurück. Hier finden sich Goldnuggets, Waschgold, Münzen und vielerlei Arbeitsgerät. *http://grosskirchheim.gv.at*

In der Ortschaft Turrach an der steirisch-kärntnerischen Grenze wurde der Bergbaubetrieb vor etwas mehr als einem Jahrhundert eingestellt. Ein Kohlenbarren, zwei Hochöfen und ein ehemaliges Knappenhaus sind im Ort Turrach erhalten. Im Montanmuseum ist eine Bessemerbirne ausgestellt. *http://www.montanmuseum-turrach.at*

In der Region sind mehrere Hochöfen erhalten (Kendlbruck, Bundschuh, Eisentratten, Urtlgraben). Imposant: die Hochofengruppe in der Heft bei Hüttenberg.

Der etwa 1,5-stündige Knappenweg in Schönfeld/Innerkrems führt Besucher zu einer ehemaligen Erzabbaustelle. Auch landschaftlich sehr empfehlenswert!

Wer genau hinsieht, wird im Fresko der katholischen Kirche von Saak einen Säumer entdecken.

Im Freigelände des Diözesanmuseums in Fresach ist ein ausgehöhlter Baum zu besichtigen, der einst als Bibelversteck diente.

Auf einem Weitwanderweg, dem „Weg des Buches“, kann man den Spuren der Buchschmuggler zwischen Passau und Agoritschach/Arnoldstein nachspüren. Der Wanderführer dazu trägt den gelungenen Titel „Das Buch zum Weg“.

Ein kleines Teilstück der Klagenfurter Stadtmauer und des Grabens ist heute noch zu sehen (zwischen Villacher Ring und Sandwirtgasse).

„Auf die Spuren der Protestanten in Kärnten“ begab sich Alexander Hanisch-Wolfram. Der Experte zur evangelischen Kirchengeschichte führt im gleichnamigen Buch entlang mehrerer Kulturwanderungen durch das ganze Land.

Franzosenzeit
Von heiklen Missionen und „haglichen" Franzosen

1790 – 1815

In einer klaren Oktobernacht des Jahres 1809 wäre Johann Frenner um ein Haar mitten in der Drau erschossen worden. Gerade als der Vierzehnjährige die Hälfte des Flusses an einer seichten Stelle durchwatet hatte, wurde ein französischer Wachmann auf ihn aufmerksam und schwenkte die geladene Muskete in seine Richtung. Johann hielt seine Hände in die Höhe. Doch nicht, um sich zu ergeben – das wäre dem wackeren Burschen nie in den Sinn gekommen! –, sondern um die beiden Gewehre, die er soeben aus der französisch besetzten Festung Sachsenburg geschmuggelt hatte, möglichst gut vom Wasser fernzuhalten. Sechs Stutzen hat er allein in dieser Nacht schon ans andere Ufer gebracht. Sie würden seinen Freunden in den Reihen des Kärntner Landsturms große Freude bereiten, da es mit brauchbaren Waffen ohnehin nicht besonders gut aussah.

Plötzlich hallte ein Schuss durch die Nacht. Johann hatte aber das Glück auf seiner Seite, die Kugel verfehlte ihn knapp. Nur ein paar Armlängen fehlten noch bis zum rettenden Ufer, wo er im Dunkel der Nacht vor weiteren Gewehrsalven sicher sein konnte. Zudem warteten dort bereits die Drautaler und Mölltaler Freiheitskämpfer auf ihn, die ihren verwegenen Helden erfreut empfingen. Alles war noch einmal gut gegangen! Wieder ist es dem jungen Patrioten gelungen, sich an den Schildposten der Franzosen vorbeizuschleichen und seinen Kameraden dringend benötigte Gewehre zuzuschanzen.

Seine nächtlichen Ausflüge im Dienste des geliebten Heimatlandes begannen ein paar Tage vorher. Mehrmals war es ihm gelungen, sich zu mitternächtlicher Stunde in die Festung einzuschleichen und einem befreundeten Franzosen, der während der Besatzung im Haus der Frenners logierte, das eine oder andere Geheimnis zu entlocken. Denn zeitgleich hatte der Freiheitskämpfer Johann Baptist Türk etwa 2 000 Freiwillige vor den Toren Sachsenburgs versammelt, um sich die Festung von den Franzosen zurückzuholen. Die Männer hatten sich bereits im Dreieck zwischen Mühldorf, Obergottesfeld und Möllbrücke in Position gebracht. In ihrer Mitte befand sich der ummauerte Lampersberg, wo die Franzosen – Ironie der Geschichte – in dem von Kärntner Freiwilligen unter größter Mühsal errichteten Mauerwerk ihre Stellung bezogen hatten.

Wie bereits erwähnt, schreiben wir das Jahr 1809, und zum dritten Mal innerhalb von wenigen Jahren befanden sich die Soldaten Frankreichs in Kärnten.

An dieser Stelle ein Blick zurück: Schon 1797 – der junge Napoleon hatte sich gerade in Italien seine ersten Sporen als Heerführer verdient und sich ohne nennenswerte Komplikationen bis Kärnten durchgeschlagen – zog die Soldateska des 27-jährigen Korsen erstmals in Klagenfurt ein. Wobei das Wort Soldateska, welches das Wörterbuch etwa mit „zügelloser Soldatenhaufen" definiert, nur zum Teil stimmt. Der kommandierende General zeigte zwar nicht die geringsten Skrupel, wenn es ums liebe Geld ging: Den Kärntnern wurden als „Kriegskostenersatz" Summen abverlangt, die diese unmöglich zu zahlen in der Lage waren. Andererseits zeigten sich die Franzosen insbesondere der Klagenfurter Damenwelt gegenüber von ihrer galantesten Seite, wie man aus zeitgenössischen Berichten weiß.

Überhaupt schien es den 15 000 Männern in Klagenfurt gut zu gefallen – sie blieben noch bis zum Frühsommer. Die Kunde vom Friedensvertrag, und damit die Aussicht auf bezahlten Urlaub bei Freunden, nahm die Militärführung gleich zum Anlass, ihren neu gewonnenen Kärntner Brüdern ihre Vorstellung von *Fraternité* zu vermitteln. Auf Geheiß des Oberkommandierenden Joubert wurde ganz Klagenfurt zum *„Freyball für Jedermann"* geladen.

Dieser „Große Ball zu Klagenfurt" fand am 24. April 1797 im Redoutensaal zu Klagenfurt statt. Das war knapp eine Woche nach den erfolgreichen Friedensgesprächen in Leoben. Jeder durfte kommen, solange er nur in *„eigenen reinlichen Kleidern“* erscheine, wie es eine Ballordnung aus jener Zeit nahelegte. Und die Klagenfurter kamen. General Joubert, der Gastgeber, eröffnete den Ball – an seiner Hand die hübsche Klagenfurter Bürgerstochter Scholastica Bergamin. So will es ein Roman, welcher der jungen Dame viele Jahre später gewidmet wurde. Sie ist jedoch, wie eine unlängst durchgeführte Untersuchung der städtischen Geburtsbücher jener Zeit ergab, eine Erfindung des Autors. General Joubert hingegen gab es wirklich: Er fand als *„schöner, den Frauen sehr gefährlicher Kriegs- und Salonsoldat“* Eingang in die Stadtgeschichte. Auch Napoleon wird eine Affäre mit Scholastica nachgesagt. Doch dessen Alibi ist hieb- und stichfest, er war inzwischen längst weitergereist, um in Leoben mit Habsburgs Erzherzog Karl besagten Vorfrieden auszuknobeln.

Galanter Gastgeber – Général Barthélemy Catherine Joubert

Die Franzosen präsentierten sich als charmante Gastgeber: Die Eröffnungstänze entsprachen dem damals üblichen, von einem strengen Musikmeister überwachten Muster. Auf grazile, höfische Menuette folgen drei Viertelstunden beschwingte englische Tänze, danach nochmals drei Viertelstunden flotter Deutschtanz. Anschließend servierte man den Gästen ein reichhaltiges Abendessen. Für viele war das die üppigste Mahlzeit seit Langem. Und manch einer glaubte – zumindest in den Erinnerungen der Scholastica Bergamin – am Buffet einige Bouteillen aus dem eigenen Weinkeller wiederzuerkennen.

Nach dem Essen ging's auf dem Tanzboden lustig weiter. Erlaubt war alles, was Spaß machte. Alles, außer Walzer natürlich. Denn für diesen *„sittenlosen, frechen Wirbeltanz"*, bei dem zeitgenössische Ballbesucher bei den Tänzerinnen eine *„Vergessenheit ihrer selbst"* zu beobachten glaubten, hatte die feine Gesellschaft Klagenfurts nur tiefste Verachtung übrig. Doch auch ohne Dreivierteltakt wurde bis in die frühen Morgenstunden getanzt, gegessen und getrunken. Es war ein Abend, der in *„Ordnung und Harmonie, Munterkeit und Sitte"* verlief, wie ein Zeitzeuge erfreut feststellte. Wie es allerdings am nächsten Tag um die Harmonie bestellt war, als die Franzosen den verdutzten Klagenfurtern die Rechnung über die Gesamtkosten der Veranstaltung in die Hand drückten, ist nicht überliefert.

Der Frieden von 1797 hielt nicht lange. Vom Beginn der kriegerischen Auseinandersetzungen an gerechnet, wird sich Europa in unterschiedlichen Koalitionen ein Vierteljahrhundert mit Frankreich herumschlagen. Erst die endgültige Niederlage Napoleons in der Schlacht von Waterloo bereitete dem Spuk ein Ende. Österreich war bei fast allen Bündnissen mit von der Partie. Die Kriegsschauplätze der folgenden Jahre lagen jedoch immer außerhalb Kärntens. Was nicht bedeutete, dass sich nicht trotzdem wiederholt fremde Soldaten im Land befanden. So zog 1799 ein russisches Heer durch Kärnten, und bald darauf nisteten sich französische Verbände in einigen Tälern Oberkärntens ein. Den meisten Staub wirbelte allerdings das Emigrantenkorps des Prinzen von Condé auf. Gemeinsam mit einer über 6 000 Köpfe zählenden Schar französischer Landesflüchtiger zog der Prinz durchs Land. Viele davon waren ebenfalls adeliger Herkunft und dienten bis vor Kurzem dem König. Mal an dieser, mal an jener Seite kämpfte die Truppe irgendwo auf dem Kontinent nun gegen das revolutionäre Frankreich. Die ehemaligen Offiziere hatten ihre vormalige Stellung nicht vergessen und forderten, wohin auch immer sie kamen, eine standesgemäße Behandlung ein. Davon durfte sich die Kärntner Bevölkerung überzeugen, als die bunte Schar im Jahre 1800 über Friesach–St. Veit–Klagenfurt–Villach Richtung Italien ritt.

Da sie diesmal an der Seite der Habsburger ins Feld zogen, erwarteten sie sich innerhalb des Reiches die Gastfreundschaft der Bevölkerung. Doch kaum ein Quartier war den Herren gut genug. Manchmal kam es sogar vor, dass der Hausherr seine eigene Stube räumen musste. Und die Truppe wollte auch standesgemäß verköstigt werden. Nur selten genügte das dargebotene Essen ihren hohen Ansprüchen. Mit einem Wort, auf Kärntnerisch: sie waren „haglich". Und so durfte die von den Kriegsjahren ausgezehrte Bevölkerung zusehen, wie die Schätze ihrer Vorratskammer an die mitgeführten Jagdhunde verfüttert wurden. Darüber hinaus wurden den heimischen Bauern mitten in der Erntezeit ihre besten Pferde abverlangt, um ebendiese Hunde in der Kutsche durchs Land zu chauffieren. Als ein Bauer sich erdreistete, einen Franzosen zur Rede zu stellen, der in seinem Heustadel eine Papierlaterne anzündete, wurde der arme Mann windelweich geprügelt. So machte man sich keine Freunde! Der Jubel war groß, als die Gruppe nach kaum enden wollenden zwei Monaten endlich die Grenze zu Italien überschritt. Doch die Freude war nur von kurzer Dauer: Der Wiener Hofkriegsrat beorderte das Korps zurück in den Norden, und die Meute zog zum Entsetzen der Bevölkerung ein weiteres Mal durchs Land.

Obwohl die Kriegsschauplätze weit entfernt waren, war klar, dass man sich auch in Kärnten für Übergriffe jedweder Art rüsten sollte. Daher begann man zu Beginn des 19. Jahrhunderts damit, das Volk in die Landesverteidigung einzubinden. Vorbei die Zeiten, wo man bei drohender Gefahr einfach die Gamsjäger von den Bergen holte. Oder Männer mit ihren bäuerlichen Mähwerkzeugen die Landesgrenzen verteidigten, wie es noch wenige Jahre zuvor der Fall gewesen war.

Andreas Hofers Verbündeter in Kärnten – Johann Baptist Türk

Um nun wirklich jeden einzelnen noch so versteckt gelegenen Bauernhof in die Verteidigung des Landes einzubinden, bediente man sich des besten Massenmediums jener Tage – des Pfarrers. Knapp 3 700 Freiwillige erklärten sich nach einem Aufruf von der Kanzel zum Dienst an der Waffe bereit. Stutzen und Gewehre seien bitte selbst mitzubringen, so der Aufruf des finanziell angeschlagenen Kaiserhauses. Und wenn einer keine Feuerwaffe sein Eigen nannte, dann waren Sicheln und Sensen weiterhin gerne gesehen. Doch es kam zu keinem Einsatz dieses Aufgebotes mehr: Der Friedensvertrag von 1801 markierte den Beginn einer längeren Phase ohne kriegerische Auseinandersetzungen.

Frankreich ging in der Folge einige Jahre lang gemeinsam mit England der Frage nach, wer nun in Westeuropa die Hosen anhatte. Eine deutliche Antwort darauf gab Admiral Nelson in der Seeschlacht von Trafalgar, die England auch künftig die Vormachtstellung unter den Seemächten sicherte. Den Kontinentaleuropäern konnte das jahrelange Geplänkel auf hoher See nur recht sein, es gab ihnen etwas Zeit, sich von den ersten zehn Kriegsjahren zu erholen. Auch Kärnten war am Boden. Die feindlichen Einfälle der letzten Jahre nebst den hohen Kriegskosten, die dem Land aufgebürdet wurden, stießen die Menschen in die Armut. Die Bergwerke standen still, und die meisten Ackerflächen lagen brach. Das ungünstige Klima der vorangegangenen Jahre hatte katastrophale Ernteausfälle nach sich gezogen. Und alles, was an Getreidevorräten noch da gewesen war, hatten die durchziehenden Truppen verzehrt. Damit nicht genug, ließ eine Seuche die Viehwirtschaft vollständig zusammenbrechen. Landesweit machte sich Mutlosigkeit und Gleichgültigkeit breit, wie der damalige Landeschef Peter Goëss in einem Lagebericht festhielt. Großen Teilen der Bevölkerung fehlte es an der nötigen Ausbildung, den Wiederaufbau voranzutreiben. Doch Goëss kam mit konkreten, modernen Ideen, wie den Missständen beizukommen wäre. Der Ankurbelung der Viehwirtschaft räumte er oberste Priorität ein. Und wenn das Volk wieder genug zu essen habe, seien durch gezielte Förderung der Handel und Bergbau sowie die Güterproduktion wieder in Schwung zu setzen.

Zur Umsetzung der Pläne des Grafen kam es nicht mehr, denn die Kriegsmaschine rollte ungeachtet der Kärntner Probleme weiter. Ende 1805 war erneut Feuer am Dach, als sich Napoleon nach dem verlorenen Seekrieg gegen England anschickte, in Wien sein Glück zu versuchen. Der Franzose, inzwischen selbst ernannter Kaiser, traf auf seinem Weg nach Österreich in Ulm auf die österreichische Armee. Ohne sich in lange, zeitraubende Kämpfe einlassen zu müssen, gelang es dem geschickten Strategen innerhalb einiger weniger Tage, das Hauptheer des Habsburgers Franz I. – inzwischen ebenfalls selbst ernannter Kaiser – in der Stadt einzukreisen und zur Kapitulation zu zwingen. 80 000 Soldaten wurden so mit einem Schlag entwaffnet, und Napoleon stand der Weg nach Wien frei. Der zweite Streich gelang dem Franzosen dann in Mähren, wo er die Österreicher und deren russische Verbündete in die Dreikaiserschlacht von Austerlitz lockte. Auch hier gewann der schlaue Heerführer mit etwas Glück rasch die Oberhand und beendete mit dem Sieg auf dem Schlachtfeld den Dritten Koalitionskrieg. Der Friedensvertrag von Pressburg brachte weitreichende Gebietsverluste für Österreich mit sich.

Kärnten war von diesem Krieg in zweierlei Hinsicht direkt betroffen. Ein erstes Mal während der Kriegshandlungen, als Napoleon vor Wien stand. Sowohl österreichische als auch französische Truppen eilten von Italien aus quer durch Kärnten, um ihr Heer in der zu erwartenden Entscheidungsschlacht im Osten zu unterstützen. Erneut machte General Massena, der bereits 1797 an der Seite Napoleons in Klagenfurt einmarschiert war, in der Landeshauptstadt Station. Inzwischen zum Oberkommandierenden der Italienarmee aufgestiegen, machte er sich 1805 in Klagenfurt an das, womit er schon bei seinem ersten Besuch unvergesslich wurde: die kompromisslose Auspressung der besetzten Stadt. Massena, den ein zeitgenössischer Biograf als *„gähzornig (sic!) und aufbrausend, taub und gefühllos beim Anblicke des menschlichen Elendes“* beschrieb, ließ sich auch diesmal wieder recht schnell die ständische Stadtkasse bringen.

Die Entscheidung in der Schlacht bei Austerlitz fiel, während Massenas Soldaten noch in Klagenfurt umhergingen. Die österreichische Armee war also erneut geschlagen. Gemäß den von Napoleon diktierten Friedensbedingungen blieben die französischen Truppen über den Waffenstillstand hinaus in weiten Teilen Österreichs stationiert. In der Zeit zwischen Waffenstillstand und Friedensvertrag schaukelten sich die Geldforderungen immer mehr nach oben, bis sie eine völlig unrealistische Höhe erreicht hatten. Allein das kluge Taktieren der Landesadministration unter Peter Goëss war es zu verdanken, dass es nach einer ersten, schmerzlich hohen Summe zu keinen weiteren Zahlungen mehr kam, obwohl sich die Forderungen inzwischen verzwanzigfacht hatten. Nach Unterzeichnung des Friedensvertrages blieb den Klagenfurtern einmal mehr das

Los, die französischen Truppen bis zu ihrem Abzug ohne Berechnung zu verköstigen. Sogar den Abzug ließen sich die Franzosen von ihren Gastgebern finanzieren, indem sie der Landesadministration zum Abschied weitere 150 000 Franken abpressten.

Doch besser ein Ende mit Schrecken als ein Schrecken ohne Ende. Auch wenn Österreich durch den Frieden von Pressburg gerade ein Fünftel seiner Gesamtfläche verloren hatte, gab es insbesondere für die Kärntner Bewältigung der Kriegstage von allen Seiten lobende Worte. So wandte sich der Kaiser höchstpersönlich an Graf Goëss und gratulierte ihm zur meisterlichen Abhandlung der feindlichen Besetzung Kärntens. Erzherzog Karl richtete dankende Worte für die ausgezeichnete Aufnahme seiner Truppen nach Klagenfurt. Zu guter Letzt ließ sogar das französische Oberkommando in einem Schreiben vom Februar 1806 wissen, dass es die gute Kärntner Küche sehr zu schätzen wusste.

Die zweite direkte Auswirkung für Kärnten wurde unmittelbar nach Unterzeichnung des Friedensvertrages spürbar. Kärnten lag nun direkt an der Grenze zu Bayern und Italien, und musste sich um den Schutz seines Territoriums kümmern – weshalb man erneut die alte Idee der Landesverteidigung unter Beteiligung der Bevölkerung aufgriff. Diesmal war es der steirische Erzherzog Johann, der österreichweit entsprechende Bemühungen vorantrieb. Die Kärntner zeigten sich von der Idee angetan, den Franzosen bei etwaigen weiteren Angriffen die Grenzen aufzuzeigen. Sogar eine eigene Hymne wurde dem napoleonischen Adler auf den Leib geschrieben:

Draußen an den Bergen droht
mit Mann und Roß der Feind.
In seiner Rede frechen Spott,
mit Fesseln, uns gemeint.

Sein leichenfroher Adler blickt
herein auf unsre Flur.
Noch blüht sie schön, doch ihn entzückt
verödete Natur!

Der Kaiser ruft, die Fahne weht,
der Feldherr steigt zu Pferd,
und horch, das Machtgebot ergeht!
Auf, seyd des Rufes werth!

Doch nicht nur das Volk wurde zur Waffe gerufen, auch die wichtigsten Wehrbauten des Landes wurden wieder in Schuss gebracht. Besonderes Augenmerk schenkte man hier den strategisch bedeutenden Straßenfestungen, mit denen es möglich war, die Hauptverkehrsadern des Landes zu kontrollieren. Dazu zählten Malborgeth und der Predilpass, beide in der Nähe von Tarvis an den südlichen Haupteinfallslinien gelegen. Und weiter im Norden Rauchenkatsch im Kremstal sowie Sachsenburg. Die beiden Letztgenannten kontrollierten die Straßen nach Salzburg bzw. Tirol. Was uns wieder zurück in den Heimatort des 14-jährigen Johann Frenner führt, denn Sachsenburg nahm in den folgenden Auseinandersetzungen eine nicht unwichtige Rolle ein. Der Lampersberg, an dessen Sohle der Markt gelegen ist, schiebt sich unweit der Stelle, wo sich das Möll- und Drautal vereinen, mit einem steilen Vorsprung in die Drau vor. Von seiner Anhöhe ist es daher möglich, den wichtigen Verkehrsknoten zu überwachen – und notfalls zu sperren.

Man begann vermutlich bereits 1808 mit dem Ausbau der Festung, trotzdem war man im Frühling 1809, als Österreich den Franzosen erneut den Krieg erklärte, nicht ganz fertig. Inzwischen war Erzherzog Johanns Armee in Italien in einige Schlachten verwickelt, und in Tirol wurde unter dem Kommando von General Chasteler gegen das französisch-bayrische Bündnis gekämpft. Die Hauptarmeen der beiden Reiche trafen währenddessen in Süddeutschland aufeinander, wo es für die Soldaten Erzherzog Karls allerdings nicht so gut lief wie an den beiden Nebenschauplätzen im Süden. Wieder einmal gelang es Napoleon, Richtung Wien vorzudringen, wo er am 13. Mai 1809 einmarschierte. Dass die Entscheidung in der Nähe der Kaiserstadt fallen würde, war klar, deshalb sah sich Erzherzog Johann gezwungen, sich auf den Weg Richtung Norden zu machen. Vorher jedoch wollte man die italienische mit der Tiroler Armee vereinen. Als Treffpunkt bot sich Kärnten an.

Auch die in Italien stationierten französischen Truppen folgten dem Ruf ihres korsischen Heerführers nach Wien. Und so wiederholte sich die Geschichte von 1805, wo zuerst eigene und bald darauf feindliche Kontingente durch Kärnten zogen. Aus der geplanten Vereinigung der beiden österreichischen Heere wurde nichts, weil Chasteler in Tirol länger beschäftigt war als ihm lieb war. Ein unglückliches Aufeinandertreffen mit dem Gegner bei Wörgl setzte seinen Truppen arg zu. So musste Johann alleine weiterziehen, stets die Franzosen im Rücken. Diese machten in Kärnten nur kurz Station, beließen aber eine Division unter General Rusca im Lande. Dessen Aufgabe war es, mit seinen Männern die Tiroler Armee am Durchzug zu hindern – und genau dafür schien sich seiner Meinung nach Sachsenburg besonders gut zu eignen.

Mitte Mai machte er sich mit etwa 3 500 Männern ins Drautal auf, um die Festung zu belagern. Dort war man die vergangenen Monate über nicht untätig geblieben und hatte den Lampersberg beinahe vollständig ummauert. Vor allem die Männer der soeben gegründeten Landwehr zeigten sich beim Ausbau höchst motiviert. Doch inzwischen waren diese nach Tirol geeilt, um ihren aufständischen Gesinnungsgenossen rund um Andreas Hofer beim Widerstand gegen die bayrische Besatzung zur Seite zu stehen. Zurück blieb eine halbfertige Verteidigungsmauer. Statt der 15 Kanonen, die ursprünglich für die Festung vorgesehen war, musste man mit 4 Stück das Auslangen finden. Und auch die Truppenstärke konnte es mit der französischen Besatzung nicht aufnehmen: den 3 500 Franzosen standen 750 größtenteils ungeschulte Landwehrsoldaten gegenüber, von denen etliche kein Deutsch verstanden und manche dem kommandierenden Major Krapf wiederholt zu verstehen gaben, dass sie eigentlich lieber nach Hause gehen möchten.

Trotzdem gelang es Major Krapf und seinen Mannen, die Stellung zu halten. Von den Dachböden der Häuser aus, wo die

Soldaten ihre Gewehrläufe durch schmale Schlitze zwischen den Schindeln steckten, schossen sie zielgenau auf jeden Blaurock, der sich der Draubrücke näherte. Trotz mehrerer Vorstöße der Franzosen in den Tagen von 25. bis 30. Mai gelang es Ruscas Stoßtrupp nicht, die Mauern zu überwinden. In der Nacht zum 30. Mai 1809 zog sich der General unverrichteter Dinge Richtung Villach und bald weiter nach Klagenfurt zurück. Nun konnte General Chasteler, der bereits in Lienz war, die Drau entlang durch Kärnten ziehen. Sachsenburg hatte seine Stellung behaupten können. Doch wenige Wochen später kam es in Wagram zur entscheidenden Niederlage des kaiserlichen Heeres, und der Krieg war verloren. Der Waffenstillstand von Znaim zwang die Sachsenburger, die Tore zu öffnen und den Ort an die Franzosen zu übergeben.

Am 1. August 1809 fand die Übergabe statt, und Rusca gab umgehend den Befehl aus, die Festung zu verstärken. Der General, der schon Monate zuvor überzeugt gewesen war, dass Teile Kärntens über kurz oder lang an Frankreich fallen werden, scheute sich nicht, zur Arbeit an der Ummauerung auch Bewohner aus der Umgebung heranzuziehen. Immerhin wären diese seiner Meinung nach ohnehin bald Landsleute.

Johann Baptist Türk war Zeuge der Schlüsselübergabe in Sachsenburg. Hätte der Landsturmführer genügend Waffen und Munition gehabt, um bereits bei dieser Gelegenheit einen Aufstand gegen die Besatzer zu wagen – er hätte es wohl getan. Doch so hieß es abwarten. Da man nicht wusste, ob die Friedensverhandlungen überhaupt zu einer Einigung führen würden, begann Türk im August damit, kampferprobte Männer um sich zu scharen. Dabei suchte er den Kontakt zu Andreas Hofer, mit dem er sich Anfang Oktober in Lienz traf, um die weitere Vorgehensweise zu besprechen. Bald darauf – Türk war gerade im Mölltal unterwegs, wo er Verstärkung durch eine Söldnertruppe erhielt – kam ihm zu Ohren, dass die Franzosen von Sachsenburg aus einen Überfall auf Obervellach andachten. Schnell schob sich Türk mit seinen Mannen zwischen den bedrohten Ort und die Feste Sachsenburg. In den folgenden Tagen gelang es ihm mehrmals, den Franzosen bedrohlich nahezukommen und ihre Verteidigung zu schwächen. Mehr noch, die Festung stand kurz vor ihrer Rückeroberung. Schlimme Kämpfe, vielleicht sogar die blutigsten jener Tage, begleiteten die Angriffe. Der Sieg schien jedoch zum Greifen nahe, und das französische Kommando signalisierte bereits die Bereitschaft zur Kapitulation. Da erreichte die Nachricht vom Friedensschluss in Wien das Lager der Kärntner. Türk, der gar nicht glauben wollte, dass alle Mühe der letzten Wochen vergebens war, brachte sein Entsetzen in einem Schreiben an Erzherzog Johann zum Ausdruck: *„Gerade unter unseren schönsten Fortschritten kommt zu meinem Todesschrecken die Nachricht vom Frieden. Gott, was soll aus uns getreuen Untertanen werden? Ich und tausend andere sind unglücklich.“* Doch die Entscheidung war gefallen. Sachsenburg ging gemeinsam mit der gesamten Westhälfte Kärntens an die siegreichen Franzosen.

Im Jahre 1827, Napoleon war zu dieser Zeit schon einige Jahre nicht mehr am Leben, wurde in Sachsenburg das östliche Stadttor abgetragen. Neben einigen heute noch erhaltenen Mauerresten blieb es über die Kriegsjahre hinaus bestehen und erinnerte lange an die Zeit der französischen Besatzung. Im gleichen Jahr nahm Johann Frenner, inzwischen bereits 32 Jahre alt, von Kaiser Franz die Zivil-Ehrenmedaille in Gold entgegen. Damit wurde dem nächtlichen Abenteurer die gleiche Auszeichnung zuteil, die vorher Andreas Hofer und Johann Baptist Türk erhalten hatten. Doch selbst heute ist der Name Johann Frenner in Sachsenburg nicht vergessen: Eine Straße unweit jenes Draubogens, den der jugendliche Held vor 200 Jahren jede Nacht durchschwamm, trägt seinen Namen.

Held oder Störenfried – Simon Kramer

NAHAUFNAHME

Krapfenbäck Simerl

Dieb, Wegelagerer, Räuber, Mörder ..! Lange Zeit sagte man ihm nichts Gutes nach: Simon Kramer, genannt „Krapfenbäck Simerl" verunsicherte vor ziemlich genau 200 Jahren Berge und Täler Mittelkärntens. Im Dreieck zwischen Feldkirchen, Villach und Klagenfurt hat er so manchen Bauern um seinen Sparstrumpf erleichtert oder ihm die Speisekammer leer geräumt. Seine Beutezüge fanden vorzugsweise Sonntagvormittag statt, während Herrschaft und Gesinde dem Gottesdienst lauschten. War wider Erwarten noch eine Magd im Haus, sperrte er diese, während er das Haus auf den Kopf stellte, in den Keller. Meist ging er ohne gröbere Gewaltanwendung vor, wobei eine „g'sunde Watsch'n" hin und wieder dabei half, jemanden zur Preisgabe des Geldverstecks zu ermutigen. Einen Gnesauer Großbauern erleichterte der Simerl mit seinen Kumpanen an so einem Sonntag um über 600 Gulden. Und das war viel Geld: dafür musste eine Magd ziemlich genau 100 Jahre arbeiten. Doch nicht jeder Beutezug war so erfolgreich. So erbeutete Simons Komplize Lorenz bei einer Tour von der armen Resi Muck nur zehn Schnupftücher.

Wenn der Simon durch die Glantaler Berge streifte, war meist seine Geliebte, die Regenfelder Jule aus Sörg, dabei. Und oft eben jener fast 30 Jahre ältere Lorenz Strauß. Oder der Klement Obernosterer mit seiner Frau Sandl (Susanne). Der etwas langsame Philipp „Lipp" Schuster aus Gurk war ebenfalls immer wieder mit von der Partie, genauso wie Hans Kerschbaumer, ein desertierter Knecht. Alle Bandenmitglieder verband eine mehr oder minder ausgeprägte Zuchthauserfahrung. Ihre gemeinsamen Aktivitäten fielen in die Jahre zwischen 1806 und 1809. Der Krapfenbäck Simerl wurde 1806 erstmals aktenkundig. Durch Fleiß und Ehrgeiz brachte er es in seinen darauffolgenden drei letzten Lebensjahren auf 30 Diebstähle und 9 Raubüberfälle, an denen er als Räuberhauptmann entweder federführend oder mit zumindest einem seiner Bandenmitglieder am Werk war. Darüber hinaus wurde ihm die Mittäterschaft an einem Mord angelastet.

Der Simerl dürfte zudem ein rechter „Stiazler" gewesen sein, wie man in seiner Heimat einen Herumtreiber zu nennen pflegt. Seine historisch belegten Aufenthaltsorte waren durchwegs Gasthäuser mit zweifelhaftem Ruf: Der **Reidenwirt** in St. Veit, die Wegscheide auf der Simonhöhe, die **Drahtzieherkeusche** in Feldkirchen oder die Schwarze Liesl in Ossiach zählten zu seinen bevorzugten Einkehren. In den Rauchstuben dieser Häuser wurde nach jedem Raubzug die Beute geteilt – und ein beachtlicher Teil davon gleich in Speis und Trank umgesetzt.

1807 fiel das erste Mal die Gefängnistür hinter dem Simerl ins Schloss. Da die Haltezellen zu jener Zeit ihrem Namen kaum gerecht wurden, war es für ihn kein Problem, sich einen Weg in die Freiheit zu schaffen – er schlug einfach ein Loch durch die Wand. Auch der Rest der Bande wurde bald inhaftiert, doch allen gelang ebenfalls früher oder später die Flucht. Für die Zeitspanne ihrer gemeinsamen kriminellen Aktivitäten sind insgesamt 11 Gefängnisausbrüche aktenkundig.

Inzwischen war der Mai 1809 ins Land gezogen, und die Franzosen unter General Rusca besetzten das Land. Dieses Ereignis markiert in etwa den Zeitpunkt, ab dem sich aus der eher unspektakulären kriminellen Karriere Kramers eine Legendenbildung in Richtung „Robin Hood Kärntens" entwickelt. Irgendjemand – keiner weiß, wer – überfiel im September im Wolschartwald einen französischen Geldkurier. Ungeachtet der für den Simerl unüblichen Tat – immerhin handelte es sich hierbei nicht um einen wehrlosen Bauernhof – wurde die Tat seiner Räuberbande zugeschrieben. Ein Tipp aus der Bevölkerung führte die Behörden schließlich zum Gasthof Wegscheide im Osten der, nomen est omen, Simonhöhe, wo der Simerl durch einen Schuss in die Halsschlagader am 17. September 1809, im Alter von knapp 25 Jahren, sein Leben ließ. Zur Abschreckung der Bevölkerung ließ man den **„todten Körper"** in die Landeshauptstadt bringen und mehrere Tage am Annabichler Galgenhügel hängen. So lange, **„bis die Krähen die Augen ausgepickt und alles Fleisch von den Knochen geputzt hatten"**, wie eine Chronistin Jahrzehnte später berichtete, deren Großmutter den Simon Kramer selbst am Galgenhügel hatte baumeln gesehen.

Vieles aus dem Leben des Krapfenbäck Simerl stammt aus den Klagenfurter Polizeiakten. Doch mindestens noch einmal so viel kam erst viel später dazu – durch mündliche, manchmal kunstfertig ausgeschmückte Überlieferung. Was wir heute über die damaligen Geschehnisse wissen, stützt sich auf die Aussagen beispielsweise der „alten Sepha". Oder auch der „Lugenmitzale" – ein für eine Quellenangabe eher ungünstiger Name.

Dieses Gemisch aus Dichtung und Wahrheit schaffte es im vergangenen Jahrhundert sogar in ein Volksschullesebuch und erreichte dadurch in der heimischen Bevölkerung hohe Popularität. Insbesondere in der Gegend zwischen St. Veit und Feldkirchen galt der Krapfenbäck Simerl bald als edler Räuber, der von den Reichen nahm, um es den Armen zu geben. Für seine größte Tat, den Raub der französischen Kriegskasse, gibt es allerdings keinen einzigen Beleg. In der von Hans-Peter Weingand verfassten Biografie wird vielmehr deutlich, dass Simon Kramer sich nie mit den wirklich Reichen des Landes anlegte. Auch von selbstlosen Umverteilungsaktionen ist nichts bekannt. Vielmehr scheuten die „Wolschart-räuber", wie sie genannt wurden, auch vor einem Griff in die Truhen der Mägde und Knechte nicht zurück. Selbst wenn dabei nicht mehr als zehn Schnupftücher herausgesprungen sind.

SPURENSUCHE

In der Hausfassade eines Klagenfurter Gebäudes in der St. Veiter Straße 23 stecken heute noch mehrere Kanonenkugeln aus der Franzosenzeit gut sichtbar in der Mauer. Nur wenige Gehminuten entfernt, in der Herrengasse 12, befindet sich das Palais Egger, die Residenz Napoleons im Jahre 1797. An der Westseite des Landhauses wurde dem Grafen Enzenberg ein Denkmal gewidmet.

Auf dem Sachsenburger Hauptplatz steht – geschützt vor Wind und Wetter – eine etwa 6 Quadratmeter große modellhafte Rekonstruktion der Stadt, wie sie im 18. Jahrhundert ausgesehen hat.

In Ebene Reichenau, Ortsteil Schuß, befindet sich direkt an der Landesstraße ein Grenzstein, der den Verlauf der ehemaligen österreichisch-illyrischen Grenze markiert. Eine illyrische Grenztafel mit französischem Adler ist an einem Nebengebäude des ehemaligen Kurbades St. Leonhard im Bade bei Himmelberg zu sehen.

Dem Leben und Wirken Kardinal Salm-Reifferscheidts, der sich in der Franzosenzeit sehr für das Land Kärnten engagierte (und nebenbei in ebendiesen Jahren die Erstbesteigung des Großglockners organisierte) ist in der „Schatzkammer Gurk", dem Diözesanmuseum, ein Ausstellungsbereich gewidmet.
www.kath-kirche-kaernten.at

Die „Wegscheide", das Wirtshaus, in dem Simon Kramers Leben endete, ist seit jeher ein beliebtes Ausflugsgasthaus.
http://www.wegscheide.at

Querfeldein durchs 19. Jahrhundert

Ohne Rauch ging gar nichts

1800 – 1900

Es wird wohl rund ums Jahr 1847 gewesen sein, als Johann Prettner eine Wanderung quer durch Kärnten unternahm. Seine Reise führte ihn von der Landeshauptstadt weg nach Feldkirchen und weiter Richtung Nockalm bis Ebene Reichenau. Und weiter auf alten Säumerwegen hinauf bis auf die Turracher Höhe. Dort oben wollte der Klagenfurter Gelehrte ein paar Gipfel besteigen, von denen einige angeblich sogar über 7 000 Fuß hoch wären.

Wer zur Mitte des 19. Jahrhunderts irgendwo hinkommen wollte, musste wohl oder übel zu Fuß gehen. Außer natürlich, man besaß ein eigenes Pferd – doch wer hatte das schon. Vielleicht konnte Prettner ja auch ein Stück des Weges auf einem der Stellwägen mitfahren, die damals zwischen den größeren Orten des Landes verkehrten. Solche Fuhrwerke wurden meist von zwei Pferden gezogen, hatten eine große Ladefläche und Sitzbänke für die Passagiere. Bequem war das auf den steinigen Rumpelstraßen nicht. Was lange vorher schon Wolfgang Amadeus Mozart beklagte, der bekanntlich viel herumkam: *„Dieser Wagen stößt einem doch die Seele heraus!“*, schimpfte er einmal. *„Und die Sitze! – Hart wie Stein! Bis Unter-Haag bin ich mit dem Postwagen gefahren – da hat mich aber mein Arsch und dasjenige woran er henkt, so gebrennt, daß ich es ohnmöglich hätte aushalten können ...“*

Egal, ob nun zu Fuß, zu Pferd oder auf dem Wagen: als Prettner die Stadt Klagenfurt hinter sich ließ, fand er sich bald inmitten weiter Ackerflächen wieder. Der ganze fruchtbare Talboden glich einer einzigen großen Anbaufläche. Unbenutzte Wiesen gab es kaum, die Getreidefelder reichten bis zu den ersten Häusern der Stadt. Das war nun nichts Außergewöhnliches mehr, da die französischen Besatzer bei ihrem letzten Besuch die Klagenfurter Ringmauer sprengten – und der Stadt damit die Möglichkeit gaben, sich in das Umland auszudehnen.

Im Vergleich zu den Jahrhunderten zuvor hatte sich auf den Äckern nicht viel verändert. Mit einer Ausnahme: seit drei Jahrzehnten sah man hier neben Roggen und Weizen vermehrt Maiskolben im Wind schwingen. Als billiges Futter für Tier und Mensch kannte man die gelben Körner schon seit dem 16. Jahrhundert. Doch wirklich durchsetzen konnten sie sich erst, als im Frühjahr 1815 auf der indonesischen Insel Sumbawa ein Vulkan in die Luft flog. Eine gigantische Wolke aus Staub und Schwefel verteilte sich über den ganzen Erdball und sorgte im Sommer 1816 dafür, dass sogar in Europa die Ernte ausfiel. Somit natürlich auch in Kärnten, wo in den Jahren 1816/17 die Buchweizenernte komplett misslang. Nun war guter Rat teuer, denn der „Hadn", wie ihn die Kärntner nennen, war eines der Grundnahrungsmittel jener Zeit. Aus der Lebensmittelknappheit heraus erinnerte man sich wieder an den Mais, und begann mit seinem großflächigen Anbau.

Die Arbeit der Bauern blieb jedoch im Grunde die gleiche. Nach wie vor wurde die meiste Arbeit unter Zuhilfenahme einfacher Werkzeuge von Hand verrichtet. Daher war man auf viele kräftige Hände angewiesen – kein Wunder also, dass in manchen Teilen des Landes neun von zehn Menschen in der Landwirtschaft tätig waren. Eine der revolutionärsten Erfindungen des 19. Jahrhunderts, der eiserne Pflug, war zwar bereits erfunden, doch kaum jemand konnte sich den Umstieg leisten. Immerhin musste man für eiserne Gerätschaften dreimal so viel Geld auf den Tisch legen als für hölzerne. Eine ganzjährig beschäftigte Magd hingegen kostete auf dem Kärntner Arbeitsmarkt mit 14 ½ Kreuzern deutlich weniger als ein Ochsengespann, dessen Erhaltungskosten sich auf 17 ½ Kreuzer beliefen. Die Motivation, in arbeitskräftesparende Geräte zu investieren, war also eher gering. Zu keiner Zeit gab es auf den heimischen Höfen so viele Dienstboten wie vor zwei Jahrhunderten.

Die viel zitierte karge Scholle wurde mit der Egge zerteilt.

Auch wenn Johann Prettner das Glück einer Mitfahrgelegenheit hatte, ab Feldkirchen ging es jedenfalls zu Fuß weiter. Der Weg hinauf ins obere Gurktal schlängelte sich gemütlich die Tiebel entlang. Nach einer Stunde gelangte er nach Himmelberg. Der Ort war damals selbst im europäischen Vergleich eines der führenden Zentren der der Eisenweiterverarbeitung, berühmt für Sicheln, Sensen und allerlei andere Schmiedeerzeugnisse. An den Ufern der Tiebel befanden sich auf den wenigen Kilometern zwischen Quelle und Mündung nicht weniger als 104 Mühlen, Sägen und Hammerwerke. Die Erzeugnisse aus Himmelberg standen für allerhöchste Qualität und waren weit über die Grenzen hinaus bekannt. Das kam auch den Franzosen zu Ohren, die während ihrer Anwesenheit in Kärnten einige Himmelberger Schmiedemeister nach Frankreich entführten, um so an die Geheimnisse der Herstellung dieser Wundergeräte zu kommen.

Doch nicht nur in Himmelberg hörte Johann Prettner das „Tindern" der Wasserhämmer. Eiserne Erzeugnisse spielten eine so wichtige Rolle im bäuerlichen Alltag, dass es selbst in den entlegensten Dörfern des Landes einen Schmied gab. An fast

Als die Nockberge französisch waren –
Grenzstein in Ebene Reichenau.

Kanonenkugeln am St.-Veiter-Ring in Klagenfurt

*Von den Franzosen gesprengt, ein kleiner Rest blieb erhalten –
die mächtige Klagenfurter Stadtmauer.*

Sachsenburg im 18. Jahrhundert

Tief im Wald versteckt – letzte Reste der Festung Sachsenburg.

Bauernbrot wurde in größeren Mengen gebacken und mäusesicher gelagert.

Bauernhaus aus den Nockbergen

*Ohne Strom, aber mit Fluss –
Wasserkraft betrieb die Apriacher Stockmühlen.*

Fixer Bestandteil am Ringhof – der oft kunstvoll bemalte Bienenkasten.

In jedem Dorf zu finden – eine Schmiedewerkstatt.

Johann Prettners Nachtquartier – Rauchstube in den Nockbergen

Querschnitt eines Kohlenmeilers

Sommerfrische in der Millstätter Seevilla

Ehemals höchste Pfarrkirche Kärntens – Heiligenblut.

Wo Klagenfurter Ausflugsfahrten begannen – der Lendhafen.

jedem Tag des Jahres konnte man schon von Weitem inmitten der rußigen Werkstattwände die rotleuchtende Feuergrube und das leuchtende Orange der glühend heißen Eisenstücke sehen. Das vielfältige Angebot der Schmiede reichte von einfachen Werkzeugbeschlägen über Herdplatten, Küchengeräte, Messer, Äxte und Stemmeisen bis zu Fuchseisen und Marderfallen. Dazu kamen die Reparatur schadhafter Geräte und der Hufbeschlag von Ochs und Pferd. Nicht zuletzt kümmerte sich der Schmied um schadhafte Türschlösser und um den Ersatz verloren gegangener Schlüssel.

Kaum eine Stunde später hatte Prettner ober den Tiebelquellen die Hochebene des oberen Gurktals erreicht. Mit einem Schlag sah die Welt ganz anders aus: Hier heroben hatte sich eine bergbäuerliche Kultur erhalten, die in ihren Grundzügen seit vielen Jahrhunderten unverändert war – und in hörbarem Kontrast zum Klappern, Sägen und Pochen unten am Tiebelfluss stand! Eine geschotterte Straße verlief in der Talmitte entlang der gemütlich dahinplätschernden Gurk, den Nockbergen entgegen. Auf halber Höhe reihte sich an den Hängen eine Bauernhube an die andere, jedoch meist so weit voneinander entfernt, dass man sich mit Rufen nicht mehr verständigen konnte. Das mittelalterliche Lehenswesen, von dem sich der Grundbesitz der Bauern herleitet, sah nämlich vor, dass die nutzbare Fläche eines Gehöfts groß genug war, um eine Familie ernähren zu können. Und dafür benötigte man auf dieser Seehöhe eine bedeutend größere Fläche als in den günstigeren Lagen des Landes.

Auf den Einzelhöfen gruppierten sich die verschiedensten Gebäude aneinander. Das Bauernhaus selbst wurde durch zwei wuchtige Blochstadel vom direkten Wettereinfluss geschützt. Daneben standen in hufeisenförmiger Anordnung: das Auszughaus für die Altbauersleut', ein Schweinestall, die Holzhütte, ein Bretter- und Wagenschuppen, ein Bienenhäuschen und ein Plumpsklo. Aus Brandschutzgründen etwas weiter entfernt stand der *Troadkasten*, in dem sämtliche Lebensmittel des Hofes, aber auch andere Kostbarkeiten wie das

Heu- und Viehstadel aus den Nockbergen

Feiertagsgewand, sicher verwahrt wurden. Alles zusammen galt als bauliche Besonderheit der Nockberge und wurde als *Ringhof* bezeichnet. Heute sind diese Höfe aus dem Landschaftsbild verschwunden, denn mit der Einführung der Maschinen änderten sich die Anforderungen an die Wirtschaftsgebäude. So mancher alte Stadel musste bei seiner Renovierung komplett umgebaut werden. Außerdem gingen die Bauern in dieser Zeit vermehrt dazu über, ihre Tiere nicht mehr den ganzen Sommer auf den Weiden zu lassen, sondern sie auch im Stall zu füttern. Was ebenfalls Umbauarbeiten nach sich zog. Mit der Sommerstallhaltung erhielten die Bauern wertvollen Dünger, den sie auf ihren Äckern ausbringen konnten. Früher war das nicht möglich gewesen, da die notwendige Menge an Futter für die Tiere gefehlt hatte. Die Vorzüge des Klees waren aber inzwischen entdeckt, er wurde als Stallfutter auf brachliegenden Feldern angebaut. Da der Klee dem Boden Nährstoffe zuführt, erzielte man mit seinem Anbau gleich doppelten Nutzen: im Folgejahr konnten die Bauern am nun gedüngten Feld wieder Getreide anbauen.

Das Zentrum der Ringhöfe bildete das Rauchstubenhaus, also das Wohnhaus, in dessen *Schwarzer Kuchl* sich alles gesellschaftliche Leben abspielte. Hier traf man sich nach getaner Arbeit, es war in der Regel der einzige beheizte Raum im Haus. In der warmen Stube spannen die Frauen ihr Garn, reparierten die Männer ihr Werkzeug und wurde Besuch aus der Nachbarschaft empfangen. Nur wenig Licht traf durch die winzigen Fenster auf die rabenschwarzen Wände. Der Rauchfang, wie wir ihn heute kennen, war noch unbekannt und kam erst nach 1870 in die Häuser Kärntens. Abgesehen von einem kleinen Schlitz über der Küchentür gab es keinen Abzug, und so stand die Stube manchmal, besonders bei niederem Luftdruck, knietief im Rauch. Den Hühnern, die man unter den Sitzbänken in kleinen Käfigen hielt, konnte das wiederum egal sein, denn so weit hinunter reichten die Schwaden auch wieder nicht. Man achtete darauf, dass wenig kalte Luft in die Küche kam, damit die Thermodynamik ihre volle Kraft entfalten und den warmen Rauch nach oben steigen lassen konnte. Der Speck, der knapp unter der Decke auf den Trockenstangen hing, konnte nicht besser platziert sein.

In einer Ecke kochte die Bäuerin auf einer aus Lehm gefertigten offenen Feuerstelle. Hier wurde in einem weiten Kupfer-

Gar nicht schlecht für eine Übergangslösung – eine Köhlerhütte aus Baumrinde.

Rauchstubenherd mit Funkendach und Trockenstangen für den Speck

kessel das gemeinschaftliche Mahl zubereitet. Neben dem Feuerloch befand sich ein großer Ofen, in dem gedörrt und gebacken, aber auch das Wasser für das wöchentliche, meist samstägliche Bad, erwärmt wurde. Der „Herr und sein G'scher" bekamen dieselbe Kost, die aus einer gemeinsamen, großen Schüssel gegessen wurde. An einem gewöhnlichen Werktag war es wohl Kraut mit Speck und Knödel. Oder Schmalzmus, ein Brei aus Gersten- und Roggenmehl sowie reichlich Schmalz. Dazu gab's saure Milch. Milch war vom Speiseplan ohnehin nicht wegzudenken: von Montag bis Samstag gab es morgens Milchsuppe mit Brot. Oder Tålggnsterz, ein mit Wasser, Salz und Butter abgerührter Getreidebrei. Nur am Sonntag frühstückte man im Gurktal eine Specksuppe mit Brot. Auch die berühmten Kärntner Kasnudeln waren zu dieser Zeit schon fixer Bestandteil der bäuerlichen Kulinarik.

Vielleicht hatte man am Hof auch Erdäpfel. Dieses für damalige Verhältnisse völlig neue Nahrungsmittel war gerade dabei, sich auf Kärntens Küchentischen auszubreiten. Vor den Franzosenkriegen de facto unbekannt, waren die Menschen nach den katastrophalen Missernten rund um die Jahrhundertwende gezwungen, sich nach robusteren Feldfrüchten umzusehen. Dabei stießen sie auf die tolle Knolle, die sogar auf Böden wuchs, die vorher für nichts zu gebrauchen waren. Anfangs stand man dem Erdapfel allerdings äußerst skeptisch gegenüber. Was unter anderem daran lag, dass man nicht so recht wusste, wozu das Kraut gut sein sollte – nicht einmal den Kühen schien es besonders gut zu schmecken. Woher hätten die Menschen denn auch wissen sollen, dass es der erdverklebte Klumpen ist, um den es geht? Unklarheiten wie diese ließen sich in bewährter Manier ausräumen – der Pfarrer leistete von der Kanzel herab wertvolle Aufklärungsarbeit. Die letzten Zweifel waren beseitigt, als die Bauern sahen, dass man für wenig Arbeit eine ordentliche Menge an zusätzlichen Kalorien auf den Tisch bekam. Sattmacher, die man weder mühsam mit der Sichel ernten noch dreschen oder mahlen musste. Die Knolle brauchte man nur vom Acker zu holen und zu verwerten. Das hörte sich gut an: In wenigen Jahrzehnten hatte sich die Anbaumenge in Kärnten vervierzehnfacht. Die gewieften Bauern brauchten auch nicht lange, um zu entdecken, dass sich daraus recht einfach Branntwein erzeugen lässt – was die Einstellung der Kirche zu den Segnungen der Erdäpfel ein wenig ins Wanken gebracht haben dürfte.

Zurück in die Rauchkuchl. Hier saßen sie also, die Bauernfamilie und ihre Dienstboten. Vielleicht war auch Johann Prettner unter ihnen, denn irgendwo auf den 60 Kilometern zwischen Klagenfurt und der Turracher Höhe wird er sich um eine Bleibe für die Nacht umgesehen haben. Nicht, dass es ihm nicht zuzutrauen wäre, die Strecke an einem Tag gemeistert zu haben. Wer die Reiseberichte aus der frühen Zeit des Alpinismus kennt, weiß, dass es Leute gab, die an einem Tag zwischen 70 und 90 Kilometer schafften und nebenbei noch eine detaillierte Skizze des Bergpanoramas zu Papier brachten. Doch aus Prettners Reisebeschreibung geht hervor, dass er sich an den Sehenswürdigkeiten entlang des Weges zu erfreuen wusste – was schließlich der Zweck seiner Reise war. Er hatte es also nicht eilig.

Sein Quartier musste nicht um jeden Preis ein Gasthof sein. Wie wir aus den Erinnerungen eines Bauernbuben aus dem oberen Gurktal wissen, herrschte auf den Höfen in der Einschicht ein stetes Kommen und Gehen. Neben Bettlern, Hausierern und Störgehern (das waren umherziehende Schuster, Schneider, Sattler, Messerschleifer oder Häfenflicker) gab es mitunter Reisende, die bei den Bauernhäusern am Weg anklopften und den Hausherren um eine Bleibe für die Nacht baten. Wenn es die Bäuerin erlaubte, war vielleicht in der Küche ein Platz auf der warmen Ofenbank frei. Oder auch nur im Heu – das war eine Sache der Sympathie.

Als Johann Prettner am nächsten Morgen weiterzog, werden ihm sicher die zahlreichen Rauchsäulen nicht entgangen sein, die man vor allem im Hochsommer auf den umliegenden Bergen sah. Denn der Sommer war die Zeit des Kohlenbrennens, also der Erzeugung von Holzkohle. Jeder Schmied des Landes füllte einmal jährlich den Kohlenbarren, seinen Vorratsschup-

Köhlern im 19. Jahrhundert.

pen, auf. Die Kohle dafür erzeugte er oder einer seiner Gesellen in der Regel selbst. Eine Woche war alleine für das Aufschichten des Kohlenmeilers zu veranschlagen. Dazu wurden unzählige dicke Scheiter übereinandergeschichtet. Jedes einzelne Stück Holz musste mit einer Zugsäge zurechtgeschnitten werden, bis genug für einen circa zwei Meter hohen Kohlemeiler vorbereitet war. Der Haufen wurde mit *Fichtentaßn* (das sind die grünen Äste), Erde und Kohlestaub luftdicht verpackt. Nun setzte man das Innere des Haufens in Brand, reduzierte aber umgehend die Luftzufuhr auf ein Mindestmaß. Das Kunststück bestand darin, den Meiler am Glühen zu halten, ohne dass das Holz Feuer fing und somit ohne Verkohlungsprozess abbrannte. Der Haufen rauchte rund eine Woche vor sich hin und wurde in dieser Zeit nicht aus den Augen gelassen. Geschlafen wurde daher mitten im Wald, direkt an der Verkohlungsstelle, in einem aus Rindenstücken errichteten Holzverschlag. Die Aufgabe des Köhlers war es, durch das Schaffen bzw. Stopfen von Löchern die Luftzufuhr zu regeln. Gelang ihm dies, hatte er nach dem Erlöschen der Glut einen Jahresvorrat an fixfertiger Holzkohle. Brannte der Haufen zu schnell ab, war die ganze Arbeit umsonst.

Der mit Abstand größte Bedarf zu jener Zeit entstand jedoch nicht in den Schmieden, sondern bei den rund 200 Hochöfen Kärntens. Die auf Hochtouren laufende Eisenerzeugung brachte einen enormen Energiebedarf mit sich, der zu dieser Zeit in erster Linie mit Holzkohle gedeckt wurde. Das hatte dazu geführt, dass sich die Wälder Kärntens im 19. Jahrhunderts sichtlich lichteten, manche Flächen waren regelrecht kahlgeschlagen. Der enorme Bedarf machte es notwendig, dass sogar die Bergleute im steirischen Turrachgraben ihre Holzkohle bei den Gurktaler Bauern zukauften, obwohl ihnen ein knapp 1800 Meter hoher Berg im Weg stand. Für die Bauern war die Köhlerei ein unverzichtbares Zubrot, auch wenn nicht wirklich viel Geld dabei heraussprang. Doch sie konnten häufig gleich den Transport der Kohle mitanbieten und damit wurde die Sache einigermaßen lukrativ. Schwere Lasten wurden meist bei Schneelage befördert, um sie über die gleitfähige Unterlage ziehen zu können. Und die Ochsen am Gehöft hatten im Winter ohnehin nicht viel zu tun. Also rückte man mit ihnen einem der steilsten Pässe der Alpen zu Leibe, eine Kette mehrerer lederner Säcke hinter sich herziehend. Jede dieser Schweinshäute war mit einem *Schåff* Holzkohle gefüllt, das sind rund 60 Kilogramm. Auf der Passhöhe angelangt, wurde die Kohle auf Schlitten umgeladen und in einer nicht immer unfallfreien Talfahrt 600 Höhenmeter tiefer an ihren Bestimmungsort gebracht.

Wir können uns also zur Mitte des 19. Jahrhunderts eine eher spärlich bewaldete Mittelgebirgswelt vorstellen, aus der im ganzen Land Rauch emporsteigt. Diese Waldzone lag bereits unter ihm, als Johann Prettner sich anschickte, den Großen Speikkofel zu erklimmen. Der Weg dorthin verläuft nämlich direkt am Berggrat auf einer Höhe, wo keine Bäume mehr wachsen. Als er den 7158 Fuß hohen Gipfel erreicht hatte, passierte ihm ein kleines Missgeschick, welches 280 000 Fuß, also 85 Kilometer, weiter westlich für Aufregung in Kirchenkreisen sorgen sollte. Denn Prettner verließ den Gipfel – irrtümlich, wie er später sagte – über die Südseite des Berges und gelangte so in das kleine Bergdorf St. Lorenzen mit seiner versteckten Pfarrkirche. Mittels trigonomischer Messungen hatte man kurz zuvor ermittelt, dass der Ort auf einer Höhe von 4020 Fuß lag. Das wären rund 300 Fuß unter der Kirche von Heiligenblut, die seit Jahrhunderten als höchste Pfarrkirche Kärntens Pilger aus dem ganzen Land anzieht. Doch irgendetwas stimmte da nicht. Prettner, der gerade vom Gipfel kam und somit genau wusste, bis zu welcher Seehöhe hinauf hier die Bäume wuchsen, war viel zu bald an der Kirche angelangt. Da sich Bäume in Sachen Vegetationsbedingungen selten irren und nur bis zu einer bestimmten Seehöhe vordringen, konnte das einzig und allein bedeuten, dass die Kirche viel weiter oben steht als bisher angenommen. Sogleich rief Prettner einen Physiker zu sich, der mit seinem Gan-Lussac'schen Höhenbarometer anrückte und die Höhe der Kirche zweifelsfrei auf 4658 Fuß bestimmte. Schlechte Nachrichten für Heiligenblut, denn an diesem Tag hatte der Ort seine jahrhundertelange Stellung als höchste Pfarre Kärntens verspielt. Doch jeder, der die Heiligenbluter kennt, weiß, dass sie heute noch stolz auf ihre so hoch gelegene schöne Kirche sind.

SPURENSUCHE

Das Freilichtmuseum Maria Saal hat sich dem bäuerlichen Leben vergangener Jahrhunderte verschrieben. Es sind Bauernhäuser zu sehen, die über mehrere Jahrzehnte aus verschiedenen Teilen Kärntens „zusammengetragen" und hier wieder aufgebaut wurden. *www.freilichtmuseum-mariasaal.at*

Für eine Besichtigungstour bestehender Bauerngehöfte empfiehlt sich eine Fahrt durch die Nockberge, z. B. entlang der Route Treffen–Gegendtal–Bad Kleinkirchheim (mit St. Oswald) durch das Lesachtal oder die Bergbauerndörfer des Mölltals (z. B. Asten, Teuchl). Wer gerne zu Fuß unterwegs ist, wird den Arriacher Hofwanderweg mögen – er lässt sich je nach Lust und Laune auf bis zu 15 Kilometer Länge ausdehnen. *www.arriach.gv.at*

Über 20 000 Exponate beherbergt das im Renaissanceschloss Porcia untergebrachte Volkskundemuseum Spittal, welches damit zu den größten volkskulturellen Sammlungen Österreichs gehört, *www.oberkaernten.info*. Im Vergleich dazu klein, doch ebenfalls fein: das Gailtaler Heimatmuseum in Möderndorf (*gailtaler-heimatmuseum.at*), das Bezirksheimatmuseum Völkermarkt (*www.voelkermarkt.gv.at*) oder das volkskundliche Museum Strassburg im Gurktal (*www.strassburg.at*).

Sommerfrische
Auf und Ab in Berg und Tal

1900 – 2000

Ich möchte dieses Buch mit einer Zeitreise ausklingen lassen, die sich exakt ein Jahrhundert nach Johann Prettners Reise in die Berge ereignete: Der Schriftsteller und langjährige Leiter des Kulturreferates der Kärntner Landesregierung, Otto Polley, hatte im Sommer 1947 einen Freund aus den Vereinigten Staaten zu Besuch. Oliver P. aus Baltimore hatte ihm gegenüber den Wunsch geäußert, Kärnten kennenzulernen. Und so begleitete ihn Polley eine Woche lang quer durchs Land, um dem Amerikaner alle Sehenswürdigkeiten zwischen Glockner und Hühnerkogel zu zeigen. Diese Spritztour fand zu einer Zeit statt, als Menschen aus nah und fern auf die Reize des Landes aufmerksam wurden und sich an den großen Badeseen immer mehr Gäste einfanden. Der Krieg war zwar keineswegs vergessen, doch die Menschen begannen, wieder hoffnungsfroh nach vorne zu blicken. Und von dieser Zeit des Aufbruches möchte ich in diesem Kapitel berichten.

Als ich dazu Polleys Reisebeschreibung, die mir vor einigen Jahren in einem Antiquariat in die Hände fiel, erneut überflog, um in die Zeit des Wiederaufbaus einzutauchen, stach mir ein Detail ins Auge, das mich neugierig machte: Polley berichtet gleich zu Beginn von einer Ausfahrt, die den heimatverbundenen Kärntner samt seinem Gast aus Übersee auf den Magdalensberg verschlug. Da die beiden vorhatten, in einer Woche möglichst viel von Kärnten zu sehen, erklommen sie die 8 Kilometer lange Bergstraße im schicken Cabriolet des Amerikaners. Vorbei an einer provisorischen Zeltstadt besuchten sie den Gipfel und Polley lobte den raschen Fortschritt der hier unlängst begonnenen archäologischen Grabungsarbeiten.

Seltsam. Und tatsächlich ergab ein kurzer Kontrollblick in ein kürzlich erschienenes, dem Magdalensberg gewidmetes Buch:

die Ausgrabungen waren 1947 noch gar nicht im Gange! Auch die Fahrt im Cabrio musste zu dieser Zeit eine holprige Angelegenheit gewesen sein, denn eine halbwegs befahrbare Straße auf den Magdalensberg gibt es erst seit 1956. Als Polley gegen Ende des Buches dem Amerikaner über mehrere Seiten von den Ergebnissen des Staatsvertrages berichtete, war klar, dass Oliver und Otto ihre Ausflugsfahrt, wenn überhaupt, nicht im Jahr 1947 unternommen hatten.

Des Rätsels Lösung war allerdings nicht besonders spektakulär. Otto Polleys kurzweiliger Reisebericht „Sieben Tage Kärnten" wurde mehrfach nachgedruckt, allerdings hatte man bei den Folgeauflagen auf einen Hinweis verzichtet, dass das Buch stellenweise sogar umfangreich überarbeitet wurde. Ist Oliver P., der sieben Tage lang ob der Schönheiten Kärntens aus dem Staunen nicht mehr herauskam, möglicherweise ein Kind der Fantasie? Sieht so aus. Die Reise mit dem Amerikaner diente Polley wohl nur als erzählerischer Handlungsfaden zur Darstellung der Geschichte und Kultur Kärntens. Der Wunsch des Landesbeamten, das Buch in den Jahren des Wiederaufbaus möglichst aktuell zu halten, war unter den damaligen Umständen zumindest verständlich.

Es war eine Zeit, in der es mehr als je zuvor darauf ankam, die Schönheiten des wirtschaftlich stark angeschlagenen Landes über die Grenzen hinaus bekannt zu machen, um Besucher anzulocken. In den Tourismus setzte das gebeutelte Land große Hoffnungen, und es scheute keine Mühen, sich mit Besonderheiten aller Art einen Namen zu machen. So fanden beispielsweise auf den Pässen des Landes die bei den oberen Zehntausend überaus beliebten Automobil-Bergrennen statt. Auch der nach dem Zweiten Weltkrieg in Gmünd produzierte Porsche wurde auf der damals 23 Grad steilen Turracher Passstraße auf seine Bergtauglichkeit getestet. Eine befahrbare Straße auf den Magdalensberg, den Hausberg der Klagenfurter, durfte bei solch regem Publikumsinteresse natürlich nicht unerwähnt bleiben. Polley vergaß nicht anzumerken, dass man im Falle einer Spritztour auf den Magdalensberg gleich die spektakuläre Auffahrt zur Burg Hochosterwitz problemlos mit dem Automobil mitnehmen kann. Diese Tatsache war ihm schon 1947 eine halbe Seite wert. Die Rahmenhandlung des Buches – ein weltgewandter Amerikaner im silbergrauen Cabriolet, garniert mit sieben Tagen herrlichstem Sommerwetter – entspricht ebenfalls dem damaligen Zeitgeist. Dieser Stoff wurde in jenen Tagen nicht nur in Polleys Buch verwoben, er ist uns auch aus zahlreichen Heimatfilmen der Nachkriegsjahre, beispielsweise aus der „Wirtin vom Wörthersee“ (1952), geläufig.

Vielleicht folgte Polley einfach dem Wunsch des damaligen Handelsministers Eduard Heinl, der 1946 seinen Landsleuten ins Gewissen redete: *„Jeder in Österreich, im Besonderen aber die unmittelbar mit dem Fremdenverkehr befassten Berufe, müssten sich bewusst sein, dass sie persönlich Österreich repräsentieren, dass von ihrem Auftreten und Benehmen Eindruck und Urteil über das ganze Land abhängt.“* Sein Appell an eine touristengerechte Geisteshaltung fiel auf fruchtbaren Boden, denn viele Menschen erinnerten sich gerne an die goldenen

Millstätter Tourismusdenkmal – der 1931 errichtete Sprungturm.

Jahre vor Ausbruch des Ersten Weltkrieges, als die vorwiegend aus Wien stammenden, betuchten Sommerurlauber neben bescheidenem Wohlstand auch den Geruch der großen, weiten Welt an den Wörthersee brachten.

An dieser Stelle ein kurzer Blick zurück zu den Anfängen der Sommerfrische, wie die Auszeit damals plakativ genannt wurde: Die Geburtsstunde des Kärnten-Tourismus liegt in der Mitte des 19. Jahrhunderts und seine Wiege stand zwischen Villach und Klagenfurt. Begonnen hat alles mit der Erschließung Kärntens durch die Eisenbahn. 1863 konnten die Wiener bereits mit der Südbahn in die Landeshauptstadt reisen. Ein Jahr später wurde die Strecke bis Villach verlängert – und die gesamte Nordseite des Wörthersees lag plötzlich direkt am Schienenstrang. Das konnte schon was! Zumindest aus damaliger Sicht. Immerhin war die Region um den See kurze Zeit vorher, also etwa zur Mitte des 19. Jahrhunderts, eine ausschließlich landwirtschaftlich genutzte Gegend gewesen – kaum jemand verirrte sich der Erholung wegen in die Getreidefelder, die bis ans Seeufer reichten. Im Alltag der Bauern war für idyllische Seeromantik ebenfalls kein Platz. Selbst die Pörtschacher Halbinsel war zu jener Zeit Ackerland wie sonst überall auch.

Das änderte sich 1853, als am Wörthersee das erste Dampfschiff seinen Fahrbetrieb aufnahm und man von Klagenfurt aus fast bis nach Villach kam. Nur das kleine Stück zwischen Velden und der Draustadt wurde weiterhin von der Postkutsche bedient. Tagesausflüge an alle denkbaren Ecken des Wörthersees erfreuten sich dank des angenehmen Reisekomforts bald großer Beliebtheit. Dem aufstrebenden Nordufer kam Ende des Jahrhunderts darüber hinaus zugute, dass in der gehobenen Wiener Gesellschaft die Sommerfrische in Mode kam. Darunter verstand man die Flucht aus der Stadt, die mitunter von Juni bis September dauern konnte. Waren es früher gesundheitliche Gründe, die wohlhabende Menschen dazu bewogen, für längere Zeit aufs Land zu ziehen, so war es nun eine Frage der gesellschaftlichen Stellung: Wer etwas auf sich hielt, verbrachte die warme Jahreszeit im Salzkammergut oder am Wörthersee. Wenig später entdeckten die erholungssuchenden Städter auch die Gegenden um den Ossiacher und Millstätter See für sich, und einige kleinere Badeseen erreichten ebenfalls noch vor dem Ersten Weltkrieg einen gewissen Bekanntheitsgrad unter den entspannungsbedürftigen Bewohnern der k. u. k. Monarchie.

Das mondänste Urlaubsziel Kärntens war unbestritten Pörtschach. In elf Stunden gelangte man mit der Südbahn von Wien aus direkt an den See, wo vermögende Familien schon früh prunkvolle Landhäuser errichteten und bereits 1868 eine erste Badeanstalt mit Billardcafé entstand. Auf der Halbinsel folgte wenig später ein Hotel, aus dem nach mehreren Umbauten das heutige Parkhotel hervorging. Ernst Wahliss, ein Wiener Porzellanfabrikant, hatte hier investiert und trat bald in lebhaften Wettstreit mit dem einheimischen Gastronomen Franz Werzer, Gründer des gleichnamigen Hotel-Imperiums. Um die Jahrhundertwende war von dem kleinen Bauerndorf am See nicht mehr viel übrig. In den Parkanlagen herrschte Ringstraßenflair nach städtischem Vorbild. Zwischen den zehn Gasthöfen und Hotels, die es 1905 bereits gab, buhlten Bäcker, Südfrüchtehändler, Fiaker und Damenfriseure um Kundschaft. Neues aus aller Welt gab es in der Sommerbuchhandlung Heyn, die ihr Zeitungsangebot für die noble Kundschaft gar zweimal täglich aktualisierte. Selbst der Kaiser zeigte sich bei einem Besuch 1899 von dem aufstrebenden Örtchen begeistert.

Schon vor dem Ersten Weltkrieg gab es vereinzelt Familien, die mit dem eigenen Automobil anrollten. Die Begeisterung unter den anderen Gästen hielt sich jedoch in Grenzen: eine derartige Staub- und Lärmbelästigung hatte es zu Zeiten der Pferdekutsche nicht gegeben! Manch einer wünschte sich die alten Zeiten zurück. Nicht jedoch die Gemeindevertreter, denn mit den Automobilen kamen zahlungskräftige Gäste. So wurden die Wege täglich mit einem Öl-Wasser-Gemisch bespritzt, um den Staub zu binden. Mit Fahrverboten wollte man der

Im Jahr 1924 eröffnet – das Klagenfurter Strandbad.

Lärmbelästigung den Kampf ansagen, doch konnte man sich anfangs nicht aufs rechte Maß einigen. Infolgedessen durften einige Villenbesitzer zu ihrem großen Ärger längere Zeit nicht zu ihren eigenen Häusern zufahren. Auch dieses Problem bekam man in den Griff, und alles deutete auf eine gedeihliche Entwicklung hin. Wäre da nicht der Erste Weltkrieg gewesen. Mit ihm kam der Tourismus im gesamten Land wieder völlig zum Erliegen.

Nach dem Ersten Weltkrieg hieß es also, von vorne zu beginnen. Die Landespolitik förderte nach anfänglichem Fremdenverkehrsverbot – es mangelte an Lebensmitteln – den Tourismus nach Kräften. Was sich allerdings schwierig gestaltete, da lange Zeit kaum genug für die eigene Landesbevölkerung da war. Die Regierung sah sich genötigt, außerhalb des Landes Lebensmittel anzuschaffen, um diese den Fremdenverkehrsbetrieben zur Verfügung zu stellen. Als dann 1921 die ersten Sommergäste an den Wörthersee oder Millstätter See zurückkehrten, zeigten sich die Einheimischen zunächst wenig begeistert von den in Saus und Braus lebenden Urlaubern.

Deutschnationale Kreise wiederum sahen durch das Einwirken der Wiener (jüdischen) Kultur die Volksfrömmigkeit den Bach hinuntergehen, als sie mitansehen mussten, *„wie aus den sonst so schönen, stillen Seengebieten Stätten der Wollust, Stätten der Zuchtlosigkeit, der Foxtrott-Tanztollheit geworden sind"*, wie es ein Zeitgenosse zusammenfasste, der sich *„vom orientalischen Fremden-Tingel-Tangel"* höchst irritiert zeigte. Als die Damen und Herren aus Wien in den Freibädern dazu übergingen, sich dieselbe Liegewiese zu teilen, anstatt säuberlich zwischen den Geschlechtern zu trennen, brachte das schlussendlich auch die Kirche völlig aus dem Häuschen. Von der Kanzel riet man der einheimischen Bevölkerung, diesen *„Orten hemmungsloser Erotisierung"* fernzubleiben. Und den Damen empfahl man anstelle von Bubikopf und kurzen Kleidern die gute alte heimische Tracht.

Bald jedoch – etwa ein Jahrzehnt nach Ende des Krieges – setzte die Branche zu einem Höhenflug an, der als „Goldenes Zeitalter des österreichischen Tourismus" in die Wirtschaftsgeschichte einging. Es wurde investiert wie nie zuvor und Projekte, die zu dieser Zeit als wahre Pionierleistungen galten, wurden in die Tat umgesetzt. Wie etwa die erste Personenseilbahn des Landes, die seit Jänner 1928 Ausflugsgäste aus aller Welt vom Ossiacher See auf die Gerlitzen-Kanzelhöhe bringt.

Den fetten Jahren der ausgehenden Zwanziger folgten die Weltwirtschaftskrise und bald darauf die 1000-Mark-Sperre. Sie machte die ohnehin angespannte Situation im heimischen Tourismus noch prekärer. Denn Einreisende aus Deutschland hatten nun beim Grenzübertritt eine Gebühr von 1000 Reichsmark zu entrichten. In heutiger Währung gerechnet waren also über 4000 Euro nötig, um überhaupt den geplanten Urlaub antreten zu dürfen. Mit dieser Sanktion wollte die deutsche Reichsregierung das Dollfuß-Regime in Wien in die Knie zwingen. Deutsche Gäste verirrten sich nun kaum mehr nach Kärnten. Was das Land aber nicht so schlimm traf wie Tirol oder Salzburg, den damaligen Hochburgen des Deutschland-Tourismus: In Kärnten urlaubten in erster Linie Gäste aus dem

Inland. Mit Werbeoffensiven in Ungarn und der Tschechoslowakei konnte man den Ausfall einigermaßen kompensieren, doch erneut setzte der Ausbruch des Zweiten Weltkrieges allen Bemühungen ein Ende.

Die 1000-Mark-Sperre wurde 1936 aufgehoben, und der deutsche Gast reiste wieder nach Kärnten. Nach dem „Anschluss" 1938 machte man sich berechtigte Hoffnungen, zu einer bevorzugten Urlaubsdestination im Deutschen Reich zu werden. Doch die von der nationalsozialistischen Freizeitorganisation „Kraft durch Freude (KdF)" organisierten Alpenfahrten brachten anstelle des erhofften Geldadels den Sozial- bzw. Massentourismus nach Kärnten. Arbeiter aus allen Teilen des Reiches, die sich noch nie einen Urlaub leisten konnten, hatten nun dank bisher nie dagewesener Niedrigpreise die Möglichkeit, die Alpen zu bereisen. Der Großglockner, inzwischen höchster Berg des Dritten Reiches, war neben den Seen des Landes eines der beliebten Ausflugsziele der KdF-Urlauber. Und wieder gab es Zank um die verfügbaren Lebensmittel. Da ganz Österreich aufgrund des günstigen Wechselkurses für deutsche Urlauber ein Einkaufsparadies darstellte, nutzten diese die Fahrten nach Kärnten für Hamsterkäufe. Was bei der Bevölkerung erneut nicht besonders gut ankam.

Die späteren Kriegsjahre verwandelten Kärnten letztendlich in ein großes Lazarett. Die Nationalsozialisten bestimmten nun, wer erholungswürdig ist und wer nicht. In erster Linie wurden freie Betten jenen Volksgenossen zugeteilt, deren *„Wiederherstellung der Wehr- oder Arbeitskraft"* von übergeordneter Wichtigkeit war. Fronturlauber und Verwunderte fanden ihren Weg in die Kurorte und Heilbäder des Landes. Schon 1942 war von einem Tourismus im eigentlichen Sinne keine Rede mehr.

Nach Kriegsende 1945 steckte das Land in einer ähnlichen Situation wie nach dem Ersten Weltkrieg. Die Basisinfrastruktur des Landes war völlig zerstört. Sogar die elektrische Energie musste anfangs aus anderen Bundesländern eingeleitet werden. Und doch gelang es bereits Anfang der 1960er-Jahre, die Energiebilanz mithilfe zahlreicher Wasserkraftwerke entlang der Drau auszugleichen. So konnte man auch vom geplanten Bau eines Atomkraftwerks im unteren Drautal Abstand nehmen. Zum Ende des Jahrzehnts, also noch vor Inbetriebnahme der Maltakraftwerke, hatte sich das Blatt gewendet: 1967 wurde bereits die Hälfte der heimischen Stromproduktion exportiert.

Der wichtige Verkehrsknotenpunkt Villach zählte zu den am meisten mit Bomben beworfenen Städten Österreichs. Umso erstaunlicher ist es, dass die Autobuslinien bereits im Juli 1945 wieder ihren Betrieb aufnahmen. Nicht gut war es um die Bahninfrastruktur bestellt: die Gleisanlagen mussten über weite Strecken saniert werden. Die ersten Züge, die ihren Betrieb aufnahmen, waren ungewöhnlich gut durchlüftet, denn Fensterglas in größeren Mengen war selbst für die Bundesbahnen nicht erhältlich. Sogar ihr heutiger Name war in der Zwischenkriegszeit nicht verfügbar, da die schweizerische Oensingen-Balstal-Bahn mit dem Kürzel ÖBB auf ihrer vier Kilometer langen Strecke unterwegs war. Also wurde kurzerhand für einige Jahre das Kürzel „BBÖ" – Bundesbahnen Österreich – auf die Garnituren gemalt.

Weitaus größere Sorgen hatte die Landesbevölkerung, da es an allen Ecken und Enden an kalorienreichen Lebensmitteln mangelte: Fett und Fleisch wurden, wenn überhaupt, nur in eingeschränkten Mengen zugeteilt. Und in den Gasthäusern Kärntens war es über mehrere Jahre gar nicht möglich, ohne Lebensmittelkarten zu essen zu bekommen. Dennoch wagten sich die Kärntner Tourismusbetriebe erneut an das Abenteuer Fremdenverkehr heran. Mit politischer Unterstützung bemühten sich die Gastronomen um internationales Publikum und waren damit in den ersten Nachkriegsjahren vor allem bei Engländern und Amerikanern erfolgreich. Erstere belegten aber auch aus weniger einträglichen Gründen den Großteil des Kärntner Bettenangebotes. Die britische Besatzungsmacht hatte nämlich in ganz Kärnten Hotels und Gaststätten beschlagnahmt, um dort ihre Soldaten unterzubringen. Die besten Häuser blieben dabei dem Beamtenstab und den Offizieren vorbehalten – beispielsweise das Hotel Hochschober auf der Turracher Höhe, das sich im Winter großer Beliebtheit bei den skibegeisterten Engländern erfreute. Mit dem Raupenomnibus ließen sich die Herren auf die Passhöhe chauffieren, wo die Engländer 1946 einen ersten Schlepplift errichteten. Freilich nicht ohne sich den Bau vorab von einem einheimischen Gastronomen finanzieren zu lassen. Sei's drum – immer-

Nicht nur Engländer fanden den Weg in die Berge.

hin kam so aus einer gänzlich unerwarteten Richtung Schützenhilfe für den damals noch nicht existierenden Kärntner Wintertourismus.

Die beschlagnahmten Hotels und Gasthöfe rund um den Turracher See wurden 1949 an die Besitzer zurückgegeben – allerdings in einem bedauernswert schlechten Zustand. Wieder einmal gilt: Besser ein Ende mit Schrecken als ein Schrecken ohne Ende. Nun konnten sich die Besitzer daran machen, ihre Gästezimmer wieder für zahlendes Publikum herzurichten. Andere Häuser mussten sich noch einige Jahre länger gedulden, so zum Beispiel das Hotel Annenheim, damals der Leitbetrieb am Ossiacher See. Das mondäne Haus wurde erst 1954 freigegeben. Wohl niemand hätte es für möglich gehalten, dass gerade jenes Jahr die Goldgräberstimmung im Kärntner Tourismus einläuten würde. Im folgenden Jahrzehnt versechsfachte sich die Anzahl der Gäste, und bereits 1963 konnte man über 10 Millionen Nächtigungen verbuchen. 80 Prozent der Gäste kamen aus dem Land, von dem uns nur die gemeinsame Sprache trennt: *„Die Speckbäuche des deutschen Wirtschaftswunders quälen sich auf Almhütten und schwimmen im Wörthersee – die deutsche Mark nimmt den Schilling ins Schlepptau"*, wie Werner Mück diese Phase des Aufschwungs kurz und bündig zusammenfasste.

Die etwas ruppige Note soll jedoch nicht zur Annahme verleiten, dass es um das Verhältnis zwischen Deutschen und Österreichern schlecht bestellt gewesen wäre. *„Urlaub bei Freunden"*, lautete das Credo. Oder, etwas direkter formuliert, im oberen Gurktal: *„Gnesau – das zweitschönste Gefühl."* Was denn das schönste Gefühl sei, ließ man auf der Tafel unter dem Ortschild offen, erhielt die Antwort aber bald darauf – doch dazu weiter unten. Man bemühte sich aufrichtig, dem Ferienaufenthalt in Kärnten eine persönliche Note zu verleihen. Gut ersichtlich auch anhand einer kurzen Textstelle, die ein Kärntner Schriftsteller, der verdiente Volkskundler Matthias Maierbrugger, Ende der 1970er-Jahre einem deutschen Urlauberpaar in den Mund legte:

In den ersten Märztagen sprach der Arzt Dr. Arthur Lehmann in Hannover mit seiner jungen Frau über die Urlaubspläne in diesem Sommer: „Wir waren noch nie in Kärnten; wollen wir diesmal hinfahren?" – „Das ist eine ausgezeichnete Idee", nickte Frau Doris.
Beim Durchblättern der Prospekte erfaßte das Ehepaar Lehmann eine wahre Sehnsucht nach Kärnten. Ein Bild zeigte den Ossiacher See mit seiner verlockenden Bläue, seinem grünen Bergkranz und seinen freundlichen Urlaubsdörfern. 2000 Sonnenstunden im Jahr! „Doris, das ist was für uns, für uns Bleichgesichter der Großstadt. Von diesen 2000 Sonnenstunden sollen heuer 200 Stunden uns gehören. Dort wollen wir baden, wandern, den Urlaub genießen und, Du kennst ja meine Schwäche und bist mir deshalb nicht böse, Land und Leute erleben." – Frau Lehmann lachte herzlich auf. „Ach woher! Wer das Land und seine Menschen mit ihrer Geschichte kennt, bringt vom Urlaub erst die schönsten Erinnerungen mit."

Bei einer solchen Begeisterung vorab konnte vor Ort nicht viel schiefgehen. Über ein Vierteljahrhundert zeigte sich der heimische Tourismus daher erfolgsverwöhnt und selbstsicher. Erst die Achtzigerjahre beendeten den Höhenflug, der bezeichnenderweise ausgerechnet durch das Fliegen sein Ende fand: Der „Luftautobus", der noch zwei Jahrzehnte zuvor die Gäste an den Wörthersee gebracht hatte, beförderte den sonnenhungrigen Urlaubsgast jetzt um das gleiche Geld direkt ans Meer. Den Kärntnern blieben einzig die Kondensstreifen, die von den Billigfliegern in den Himmel gezeichnet wurden. *„Nur fliegen ist schöner"*, werden sich die Passagiere gedacht haben, als sie auf Gnesau hinunterblickten.

Der Sommertourismus kam nicht mehr richtig vom Fleck, starke Einbrüche bereiteten der Euphorie ein Ende. Nun war guter Rat teuer. Und das war wörtlich zu verstehen, denn den erfolgsverwöhnten Touristikern blieb nichts anderes übrig, als die Versäumnisse der vergangenen Jahre nachzuholen und das Land auch für den Wintertourismus aufzuputzen. Wenn man von den Hochburgen des heimischen Skitourismus im Norden

Kärntens absieht, hatte die kalte Jahreszeit in der Tourismusstrategie des Landes bisher keine besondere Rolle gespielt. Zu gering waren die Besucherzahlen, obwohl der Wintergast deutlich wohlhabender – und auch spendabler ist. Daran musste sich etwas ändern: Zahlreiche Gondelbahnen, Schlepp- und Sessellifte zogen bald ihre Spuren über die Berge des Landes, und Hunderte Pistenkilometer entstanden. Zielgerichtete Werbung half dabei, den Skisport vom elitären Vergnügen zum Massensport zu erklären. Innerhalb weniger Jahre gelang es so, das Ergebnis im Winter um das Vierfache zu steigern.

Der Anschluss an die Ergebnisse des Sommers gelang jedoch nie: Noch heute kommen von fünf Urlaubern, die es nach Kärnten verschlägt, vier im Sommer. Und damit schließt sich auch hier der Kreis. Wer sich an den Beginn unserer Zeitreise zurückerinnert, wird feststellen: Wie vor 40 000 Jahren ging der Trubel am Wörthersee erst los, als sich Schnee und Eis zurückgezogen hatten.

SPURENSUCHE

Technologischer Fortschritt und Fremdenverkehr treffen sich an der Kölnbreinsperre im Maltatal. Die 200 Meter hohe Staumauer gehört zu den größten Bauwerken Österreichs und zieht jährlich scharenweise Besucher an.
http://www.verbund.com/tm/de/malta-hochalmstrasse

Eine ähnliche, wenn auch nicht so pompöse Rolle nimmt der Senderturm am Goldeck ein. Das weithin sichtbare „Wahrzeichen“ des Spittaler Hausberges ist durch eine Gondelbahn erschlossen und daher ein beliebtes Ausflugsziel.
http://sportberg-goldeck.at

Die Schifffahrt auf den Kärntner Seen erfreut sich nach wie vor großer Beliebtheit und eignet sich besonders gut zum Villen-Sightseeing. *http://www.kaerntner.schifffahrt.at*,
http://www.wörthersee-architektur.at

Literaturverzeichnis

Allgemeine Literatur

Bacher, Ernst; Russwurm-Biró, Gabriele, Gleirscher, Paul: Dehio. Die Kunstdenkmäler Kärntens, 2001

Braumüller, Hermann: Geschichte Kärntens, 1949

Fräss-Ehrfeld, Claudia: Geschichte Kärnten I. Das Mittelalter, 1984

Fräss-Ehrfeld, Claudia: Geschichte Kärntens II. Die ständische Epoche, 1994

Geschichtsverein für Kärnten: Carinthia I. Zeitschrift für geschichtliche Landeskunde von Kärnten, erscheint jährlich

Gleirscher, Paul: Karantanien, 2000

Gleirscher, Paul: Mystisches Kärnten, 2006

Gleirscher, Paul/Hirtenfelder, Erwin: Mythos Magdalensberg, 2014

Neugebauer, Johannes-Wolfgang: Österreichs Urzeit, 1990

Kärntner Landesregierung (Hg.): Das ist Kärnten. Geschichte – Kultur – Landschaft, 5. geänderte Auflage, 2003

Kreuzer, Anton: Kärntner Portraits, 1993

Kreuzer, Anton: Noricum – Karantanien – Kärnten, 1981

Lukan, Karl und Fritzi: Kärnten. Verborgenes – Seltsames – Unbekanntes, 2001

Maierbrugger, Matthias: Vom Glockner bis zur Lavant, 1968

Maierbrugger, Matthias: Heimliches Kärnten, 1972

Maierbrugger, Matthias: Durch alle Täler Kärntens, 1982

Maierbrugger, Matthias: Kostbarkeiten in Kärnten, 1987

Museum der Stadt Villach: Neues aus Alt-Villach, erscheint jährlich

Sandgruber, Roman: Ökonomie und Politik, Österreichische Wirtschaftsgeschichte vom Mittelalter bis zur Gegenwart, 1995

Stejskal, Herbert: Kärnten. Geschichte und Kultur in Bildern und Dokumenten, 1985

Urban, Otto (Hg.): Der lange Weg zur Geschichte, 2000

Vocelka, Karl: Geschichte Österreichs, 2000

Wagner, Wilhelm: Geschichte Österreichs, 2002

Vorwort

Das „Spitzelofen-Denkmal“ bei St. Georgen in Kärnten und dessen bergpolizeilicher Schutz, in CAR I, 1892

Feinig, Julia: Die römerzeitlich genutzten Marmorsteinbrüche in Kärnten, Diplomarbeit, 2001

Huber, Axel: Der römische Steinbruch Spitzel(s)ofen volkskundlich betrachtet, in Kärntner Landmannschaft, 11/2004

Leben am Gletscherrand

Fritz, Adolf: Beitrag zur würmglazialen Vegetation Kärntens, in CAR II, 1975
Fritz, Adolf: 20.000 Jahre Klimageschichte Kärntens, in CAR II, 2009
Gleirscher Paul, Pacher Martina: Griffen und die Altsteinzeit im Südostalpenraum, in Rudolfinum – Jahrbuch des Landesmuseums für Kärnten, 2004
Groß, Josef C.: Die altsteinzeitliche Siedlung von Höhlenbärenjägern in der großen Uschowahöhle in den Karawanken, in CAR II, 1930
Kärntner Landsmannschaft Heft 9/10, 2006
Pacher, Martina: Die pleistozäne Höhlenfundstelle Potocka Zijalka in Slowenien, 1998
Pacher, Martina: Die Höhlenbärenreste der Sammlung Groß aus der Uschowa Höhle (Potocka zijalka/Slowenien), in CAR II, 1998
Thenius, Erich: Die jungeiszeitliche Säugetierfauna aus der Tropfsteinhöhle von Griffen in CAR II, 1960
Ucik, Friedrich: Wollnashorn und Lindwurm, in CAR II, 1990
Ucik, Friedrich: Josef Carl Groß jun. (12.12.1907–1.1.1967) Von vielen fast vergessen – von den Nachbarn verfemt – von der Wissenschaft beinahe totgeschwiegen), in CAR II, 2001

Der Mensch betritt die Alpen

ORF Science 15. 11. 2006, http://sciencev1.orf.at/science/news/146268

Vom Eis zum Eisen

http://derstandard.at/1319181798328/Aussterben-Sechs-grosse-Eiszeit-Tiere-sechs-unterschiedliche-Schicksale
Franz, Leonhard: Aus Kärntens urgeschichtlicher Zeit, 1935
Gleirscher, Paul: Vom Jäger zum Bauern (Ein Kurzüberblick zur neolitischen (R)Evolution mit Bezug auf die Verhältnisse im Kärntner Raum), 1994
„Nettle as a distinct Bronze Age textile plant", via http://www.nature.com/srep/2012/120928/srep00664/full/srep00664.html
Reichholf Josef H.: Warum die Menschen sesshaft wurden, 2012

Samonig, Bertram: Eine jungneolithische Pfahlbaustation im Keutschacher See, Dissertation, 2001
http://wwwg.uni-klu.ac.at/archeo/archeost/56kathr.htm
Vahlkampf, Guido: Urzeitliche Siedlungsspuren am Rabenstein bei Lavamünd in Kärnten: ein Beitrag zum jüngeren Neolithikum in Kärnten, 1995

Die da oben

http://derstandard.at/1304553661103/OekoSTANDARD-Die-letzten-Urwaelder-von-Oesterreich
Fera, Martin; Wedenig, Reinhold (Hg.): Hallstattkultur im Trixnertal. Begleitheft zur Ausstellung in Völkermarkt und Klagenfurt, 2005
Gleirscher, Paul, via http://80.109.225.252/klgftwiki/docs/html/Landesmuseum_Kaernten_News_BerichtLang_Waisenberg.html
Gleirscher, Paul: Das hallstattzeitliche Gräberfeld von Frög bei Rosegg, Sonderdruck Rudolfinum, 2002

Die Römer in Kärnten

Baier, Wilhelm (Hg.): Karantanien: Mutter von Kärnten und Steiermark, 2004
http://derstandard.at/1358303675704/Noricum-von-Roemern-mit-starker-Militaerpraesenz-erobert
Galik, Alfred; Gugl, Christian; Sperl, Gerhard: Feldkirchen in Kärnten: ein Zentrum norischer Eisenverhüttung, 2003
Karpf, Kurt, Meyer, Therese (Hg.): Sterben in St. Peter, 2010
Lippert, Andreas: Zwei römische Passstraßen über die hohen Tauern, in Markomannenkriege, 1994
Miltner, Franz: Die Lage von Noreia, CAR I, 1941
https://onb.brockhaus-wissensservice.com/brockhaus/livius-titus bzw. http://www.livius.org/li-ln/livy/livy.htm
Piccottini, Gernot: Zum römerzeitlichen Bergbau in Kärnten, in res montanarum 23, 2000
Piccottini, Gernot: Die Römer in Kärnten, 1989, S. 8
Porod, Robert: Wo lag Noreia?, in: Römisches Österreich 2010
Somek, Gottfried: Noreia und die Tabula Peutingeriana, in: CAR I, 2004
Wolfram, Herwig (Hg.): Am Rande des Reiches – Die Römer in Österreich, 2002

Die Küche der alten Römer

Cech, Brigitte: Lukullische Genüsse. Die Küche der alten Römer, 2013
Fellmeth, Ulrich: Brot und Politik, Ernährung, Tafelluxus und Hunger im antiken Rom, 2001
Weeber, Karl-Wilhelm: Alltag im Alten Rom, 2010

Ein Mann namens Samo

Baltl, Hermann: Die Steiermark im Frühmittelalter, 2004
Eichert, Stefan: Oberkärnten im Frühmittelalter, in: Symposium zur Geschichte von Millstatt und Kärnten, 2012
Grabherr, Gerald (Hg.): Die spätantike Höhensiedlung auf dem Kirchbichl von Lavant, 2011
http://www.kleinezeitung.at/kaernten/spittal/3402119/archaeologen-bargen-molzbichl-sensationsfund.story
Mackay, Angus: Atlas of Medieval Europe, 1997
Štih, Peter: Glossen zu einer neuen Monographie über Karantanien, in CAR I, 2006
Wawruschka, Celine: Frühmittelalterliche Siedlungsstrukturen in Niederösterreich, 2009
Winckler, Katharina: Die Alpen im Frühmittelalter: die Geschichte eines Raumes in den Jahren 500 bis 800, 2012
Wolfram, Herwig (Hg.): Grenzen und Räume. Österreichische Geschichte 378 – 907, 1995
Wolfram, Herwig: Conversio Bagorariorum et Carantanorum, 1979

Das neue Jahrtausend

Dopsch, Heinz: Adel und Kirche als gestaltende Kräfte in der frühen Geschichte des Südostalpenraumes, in CAR, 1976
Fresacher, Walther: Der Kampf des Bistums Bamberg um Villach, in Neumann, Wilhelm (Hg.): 900 Jahre Villach, 1960
Jaksch, August von: Geschichte Kärntens, 1928/29
Kreuzer, Anton: Die Städte Kärntens, 1969
Moro, Gotbert: Das Königsgut in Kärnten, CAR I, 1941
Neumann, Wilhelm: Bamberg und Kärnten, in Bausteine zur Geschichte Kärntens, 1994
Neumann, Wilhelm: Der Kärntner Adel, in Bausteine zur Geschichte Kärntens, 1994

Neumann, Wilhelm: Kärnten – Grundlinien einer Landesbildung, in: Bausteine zur Geschichte Kärntens, 1994
Neumann, Wilhelm: Villach – Stadtgeschichte oder Roman?, in Festschrift für Alfred Ogris, 2001
Ogris, Alfred: Die Landeshauptstadtfrage in Kärnten, in Auf Spurensuche in Kärntens Geschichte, 2011

Fürstenstein und Herzogstuhl

Ogris, Alfred: Fürstenstein und Herzogstuhl. Mythos und geschichtliche Hintergründe, in Auf Spurensuche in Kärntens Geschichte, 2011
Gleirscher, Paul: Mystisches Kärnten

Zwei unheilvolle Jahrhunderte

Angermann, Norbert (Hg.): Lexikon des Mittelalters
Bätzing, Werner: Die Alpen : Entstehung und Gefährdung einer europäischen Kulturlandschaft, 1991
Bozner Chronik, in Auszügen online via http://www.mgh-bibliothek.de/dokumente/a/a138842.pdf
Dinzelbacher, Peter: Das fremde Mittelalter – Gottesurteil und Tierprozess, 2006
Fresacher, Walther: Die Pest in Kärnten im 14. Jahrhundert, in CAR I, 1963
Hammerl, Christa: Das Erdbeben vom 25. Jänner 1348: Rekonstruktion des Naturereignisses, in Neues aus Alt-Villach, 1994
Neumann, Dieter: Drei Erdbeben, in Neues aus Alt-Villach, 2010
Neumann, Wilhelm: Zu den Folgen des Erdbebens 1348, 2. Teil, in: Neues aus Alt-Villach, 1988
Neumann, Wilhelm: Mein Leben als Landeshistoriker und Archivar, in CAR 2004
Neumann, Wilhelm: Dobratschbergsturz und Siebzehn-Dörfer-Sage, in CAR I, 2006
Nohl, Johannes: Der Schwarze Tod. Eine Chronik der Pest 1348 bis 1720, 1924
Pickl, Othmar: Das 14./15. Jahrhundert als Übergangszeit, in: Schatz und Schicksal, Steirische Landesausstellung, 1996
Regensburg, Andreas v.: Sämtliche Werke, in: Quellen und Erörterungen zur bayerischen Geschichte, 1903, online https://archive.org/details/quellenunderrte01unkngoog

Ruff, Margarethe: Zauberpraktiken als Lebenshilfe : Magie im Alltag vom Mittelalter bis heute, 2003
Simoniti, Vasko: Die Wüstungen im 14. und 15. Jahrhundert, in: Mitteilungen des Instituts für österreichische Geschichtsforschung, 1995
Vogt-Lüerssen, Maike: Der Alltag im Mittelalter, 2001
Wadl, Wilhelm: Geschichte der Juden in Kärnten im Mittelalter, 2009
Wolfram, Herwig (Hg.) Geschichte Österreichs 1278–1411, 2001
Wolfram, Herwig (Hg.): Geschichte der Juden in Österreich, 2013
Zaddach, Bernd Ingolf: Die Folgen des Schwarzen Todes (1347–51) für den Klerus Mitteleuropas, 1971
https://www.zamg.ac.at/cms/de/geophysik/erdbeben/historische-erdbeben
Ziegerhofer-Prettenthaler, Anita: Der ‚andere' Alltag im Spätmittelalter und die Geburt der Zeit, in Schatz und Schicksal, Steirische Landesausstellung 1996

Im Osten nichts Neues

Krones, Franz: Die österreichische Chronik Jakob Unrests mit Bezug auf die einzige bisher bekannte Handschrift der k. Bibliothek zu Hannover, in: In: Archiv für österreichische Geschichte, 1872
Loidl, Franz, Krexner, Martin: Wiens Bischöfe und Erzbischöfe, 1983
Meyer, Therese: Der Gilg – Biographie eines Verräters, in 800 Jahre Spittal, 1991
Radics, Peter von: Die Einfälle der Osmanen in Steiermark, Kärnten und Krain im 15. und 16. Jahrhundert, 1864
Zaisberger, Friederike: Bernhard von Rohr und Johann Beckenschlager, Erzbischof von Gran. Dissertation 1964

Paolo Santonino in Kärnten

Egger, Rudolf: Die Reisetagebücher des Paolo Santonino 1485–1487; 1978
Hartl, Susanne: Die Reisetagebücher des Paolo Santonino, in: Die Kärntner Landsmannschaft, Heft 1 & 2, 2005
ORF Dokumentation ‚Kreuz und Quer' vom 15. April 2014, http://programm.orf.at/?story=29951 bzw. https://www.youtube.com/watch?v=QPDkzEnuSEU

Knappen und Säumer

Klein, Herbert: Der Saumhandel über die Tauern, in Mitteilungen der Gesellschaft für Salzburger Landeskunde, 1950
Sterk, Georg: Zur Kenntnis der Goldlagerstätte Kliening im Lavanttal, in CAR II 1955
Vilgut, Manuel: Goldbergbau und Goldgewinnung in Oberkärnten, Dissertation, 2009
Wadl, Wilhelm: Spurensuche in Feldkirchens Geschichte, Begleitheft zur Sonderausstellung im Amthofmuseum, 2013
Wießner, Hermann: Geschichte des Kärntner Bergbaus, III. Teil
Wilscher, Heidi: Geschichte des Kremser Eisenbergbaus samt Auswirkungen und Nachwirkungen, 2000

Die Reformation in Kärnten

Heinisch-Wolfram, Alexander: Auf den Spuren der Protestanten in Kärnten, S. 19
Leeb, Rudolf: Reformation, Gegenreformation und katholische Konfessionalisierung in Kärnten, in CAR I, 2000
Wolfram, Herwig (Hg.): Geschichte des Christentums in Österreich, S. 151

Franzosenzeit

Fräss-Ehrfeld, Claudia (Hg.): Napoleon und seine Zeit, 2009
Ghon, Carl: Geschichte der Stadt Villach von der Urzeit bis zur Gegenwart, 1901
Gratzer, Robert (Hg.): Johann Baptist Türk: Meine Lebensschücksalle, 1985
Landesmuseum Kärnten: Karambolage 1809, Ausstellungskatalog, 2009
Lebmacher, Carl: Klagenfurt in alter Zeit, S. 161
Meißner, Julius Gustav: Charakteristische Lebensgemälde unserer denkwürdigsten Zeitgenossen, Band II, Wien, 1800, via http://books.google.at/books?id=kNw5AAAAcAAJ&hl=de&pg=PA80#v=onepage&q&f=false
Ogris, Herta: Die Kriegsereignisse in Kärnten 1809, Dissertation, 1941
Rumpler, Helmut, Wolfram, Herwig (Hg.): Eine Chance für Mitteleuropa. Österreichische Geschichte 1804–1914, 1997
Ghon, Carl: Geschichte der Stadt Villach, S. 185
Wutte, Martin (Hg.): CAR I, 1909 (Schwerpunktthema Franzosenzeit)

Krapfenbäck Simerl

Weingand, Hans-Peter: Krapfenbäck Simerl: die wahre Geschichte des „Kärntner Robin Hood" Simon Kramer, 2010
Weingand, Hans-Peter: Simon Kramer – vom Kärntner Briganten zur Sagenfigur, in CAR I, 2001
Weingand, Hans-Peter: Simon Kramer – Räuber und Rebell? in CAR I, 1998

Querfeldein durchs 19. Jahrhundert

Bruckmüller, Ernst: Die rechtliche und ökonomische Lage der Bauern im österreichischen Kaiserstaat am Anfang des 19. Jahrhunderts, in Drobesch, Werner: Kärnten am Übergang von der Agrar- zur Industriegesellschaft, 2013
CAR I, 1847
Domandl, Hanna: Kulturgeschichte Österreichs, 1992
Friedl, Inge: Wie's amol wor. Vom Leben auf dem Land, 2011
Hermann, Heinrich: Historische Miscellen aus der Heimat II, in CAR 1864
http://www.himmelberg.at/palm-cms/upload_files/gemeinde/chronik.pdf (Himmelberger Gemeindechronik)
http://www.kleinezeitung.at/kaernten/spittal/2216017/talggen-welt-kulturerbe.story
Kreuzer, Anton: Aus dem Kärntner Alltag vor hundert Jahren, 1965
Moro, Oswin: Volkskundliches aus dem Kärntner Nockgebiet, 1952
Moser, Oskar: Das Bauernhaus und seine landschaftliche und historische Entwicklung in Kärnten, 1992
Palencsar, Friedrich, Seger, Martin: St. Oswald, vom Bergbauerndorf zum Fremdenverkehrsort, in: C. Fräss-Ehrfeld: Lebenschancen in Kärnten 1900–2000, 1999
Rassinger, Katrine Marie: Ein Leben „von der Hand in den Mund", in CAR I, 2007
Reichler, Claude: Entdeckung einer Landschaft. Reisende, Schriftsteller, Künstler und die Entdeckung ihrer Alpen, 2005
Unterlercher, Michael: In der Einschicht, 1932
Wilhelm Wadl in: Horst Wilscher: Krems in Kärnten, S. 109
Wadl, Wilhelm: Ernährung und ländliche Alltagskultur in Kärnten im Spiegel der Katastralschätzungen, in Drobesch (w.o.), 2013

SOMMERFRISCHE

Deuer, Wilhelm: Baukultur und Tourismus in Kärnten, in CAR I, 2003

Eichert, Joachim: Jenseits von Bad Ischl – sommerfrischende „Gesellschaft" in Pörtschach um 1900, in CAR I, 2003

Heiss, Gernot: Tourismus, in: Brix, Bruckmüller, Stekl: Memoria Austriae I, 2004

Maierbrugger, Matthias: Ferien am Ossiacher See, 1978

Mück, Werner: Österreich. Das war unser Jahrhundert, 1999

Polley, Otto: Sieben Tage Kärnten, 1947, 1948, 1958

Rogy, Heidi: Die touristische Entdeckung Kärntens in der Zeit vom ausgehenden 18. Jahrhundert bis zum Ersten Weltkrieg, in CAR I, 1998

Rogy, Heidi: Spirits of Pörtschach, in: Fräss-Ehrfeld, Claudia (Hg.): Lebenschancen in Kärnten 1900–2000, 1999

Rogy, Heidi: Tourismus in Kärnten, 2002

Rogy, Heidi: Tourismus in Kärnten unterm Hakenkreuz, in CAR I, 2001

Rogy, Heidi: Tourismus und Politik in Kärnten in der Ersten Republik, S. 483

Sterk, Georg Sterk, Ucik, Friedrich: Die Turracher Höhe, 2003

Valentin, Hellwig: Kärnten. Vom Ersten Weltkrieg bis zur Gegenwart, 2011

Woldrich, Thomas: Das schöne Austria, in Prutsch, Ursula, Lechner Manfred (Hg.): Das ist Österreich, 1997

Zeloth, Thomas: Fremdenverkehr, sozialer Wandel und Modernisierung in Kärnten, in CAR I, 2003

Bildnachweise

Alle Bilder stammen vom Autor, ausgenommen:
S. 29: Vaneiles / commons.wikimedia.org / CC BY-SA 3.0
S. 32: Xocolatl / commons.wikimedia.org / CC BY-SA 3.0
S. 55: Paul Gleirscher / KlagenfurtWiki (Landesmuseum Kärnten)
S. 69: Original im Landesmuseum Kärnten
S. 110: Original im Bezirksmuseum Völkermarkt
S. 118: commons.wikimedia.org / Public Domain
S. 123: Bildwerk zur Kirchengeschichte, Christopherus-Verlag
S. 143: Classical Numismatic Group, Inc. / commons.wikimedia.org / CC BY-SA 3.0
S. 147: Verlag Galerie Magnet, Wien
S. 152: Annaberger Bergaltar (Ausschnitt), upload.wikimedia.org / Public Domain
S. 155: www.taurachsoft.at
S. 158: commons.wikimedia.org / Public Domain
S. 167: commons.wikimedia.org / Public Domain
S. 170: commons.wikimedia.org / Public Domain
S. 178: Original bei Gasthof Wegscheide, Liebenfels
S. 187: Original von Anton Ranacher, Hauptplatz Sachsenburg
S. 199: Original im Montanmuseum Hieflau

Umschlag: Schloss Auersperg II (heute Grad Turjak, Slowenien), Feder- und Pinselzeichnung, von Hugo Charlemont, um 1891: Hugo Charlemont / ÖNB-Bildarchiv / picturedesk.com
Josef Ferdinand Fromiller, Deckenfresko im Großen Wappensaal des Klagenfurter Landhauses (Ausschnitt); Herzogstuhl am Zollfeld: Gert Eggenberger / APA / picturedesk.com

Stichwortverzeichnis

Personenregister